从零开始系列

从零开始学会计

杨丹 / 编著

从零基础到独立上岗，一本就够

化学工业出版社
· 北京 ·

内容简介

本书介绍了与会计相关的基础知识，以企业实际会计操作流程为题材，详细地讲解了从建账到报表编制、纳税申报的各个环节，将会计工作流程分解成若干个连续的知识点。通过生动的语言、简洁的图表讲解，使读者能够轻松、快速掌握会计知识，在实际工作中脱颖而出。

本书适合会计行业的职场新人、会计知识爱好者、各大中专院校的会计专业学生、从事会计工作但对实务操作不熟练的从业人员。

图书在版编目（CIP）数据

从零开始学会计 / 杨丹编著. -- 北京 : 化学工业出版社, 2025. 10. -- (从零开始系列). -- ISBN 978-7-122-49010-0

Ⅰ. F230

中国国家版本馆 CIP 数据核字第 20256B5Q74 号

责任编辑：罗　琨
文字编辑：史燕妮　杨振美
责任校对：刘曦阳
正文设计：韩　飞

出版发行：化学工业出版社
（北京市东城区青年湖南街13号　邮政编码100011）
印　　装：三河市双峰印刷装订有限公司
710mm×1000mm　1/16　印张9¾　字数166千字
2026年1月北京第1版第1次印刷

购书咨询：010-64518888
售后服务：010-64518899
网　　址：http://www.cip.com.cn
凡购买本书，如有缺损质量问题，本社销售中心负责调换。

定　　价：59.80元

前言

很多人对会计虽然有基础的理论了解，但是面对实际工作时却往往无从下手，在会计实账操作中会遇到很多的难题。在实际生活中，也很少有企业会把会计工作交给未曾接触会计实践的新手，如何掌握会计工作的实务操作，是很多想从事会计工作，或者想对会计工作有所了解的人非常渴求获得的知识。

企业初始成立时，会计应该做什么工作？

如何把企业运营过程中的各项信息进行收集整理，使之对企业的发展起到相应的帮助？

……

鉴于这些问题，笔者依托自身多年的会计工作经验和财务管理经验，向读者奉上此书。

本书针对会计实际工作，注重理论与实践的结合，对会计工作从建账直至报税的全套账务流程进行了全面细致的讲述，利用企业会计业务实例全面展示了全流程具体操作，希望读者通过对本书的阅读，能进一步提高对会计知识的理解，提升自身实务操作水平。

目录

第1章 磨刀不误砍柴工
——必备的基础知识

学英语要掌握英语语法，学数学要掌握数学公式。会计也是一门学问，要把企业发生的所有经济业务都用标准的数字表现出来，不是一个轻松的活儿，这必然需要学习一些专业术语、名词概念……这些也就是本章将要讲述的内容。了解必备的基础知识，做个实战前的热身准备吧。

1.1　会计的基本概念

本节将对经济活动、反映、监督等常见会计词汇从专业的角度进行表述，帮助你形成更深入的理解。

1.1.1　会计的职能

会计的职能，就是会计能发挥什么作用，它在经济管理过程中具有什么样的功能，会计的职能包括进行会计核算和实施会计监督两个方面。

（1）进行会计核算

进行会计核算是会计最基本的职能，也叫作反映职能，是指会计以货币为主要计量单位，对特定主体的经济活动进行确认、计量、记录和报告，为有关各方提供会计信息。

会计核算把特定主体的经济活动分为以下 4 个环节：

① 确认。狭义地理解，是指确定一项业务的发生要不要进行会计处理、什么时候进行会计处理的问题的环节。

② 计量。是指确定会计确认中的交易或事项的金额的会计程序。是解决记账金额问题的环节。

③ 记录。指对特定主体的经济活动采用一定的记账方法、在账簿中进行登记的会计程序。是确认怎么记的环节。

④ 报告。是指在确认、计量和记录的基础上，将特定主体的财务状况、经营成果和现金流量情况，以财务报表的形式向有关方面报告。是通过编制报表提供信息的环节。

（2）实施会计监督

会计监督也称会计控制，是对特定主体经济活动和相关会计核算的真实性、合法性、合理性进行审查。

① 真实性审查。监督经济业务的真实性，以实际发生的交易或事项为依据确认、计量和报告。

② 合法性审查。监督财务收支的合法性，所有经济业务要符合国家有关法律法规。

③ 合理性审查。监督经济业务发生的合理性，是否符合企业内部有关规定。

1.1.2　会计的对象

会计的对象也就是会计行为的客体，指会计核算和监督的内容。前面讲过，会计对特定主体的经济活动进行核算和监督，那么，会计的对象就是指一个企业或单位能够用货币表现的经济活动。

任何企业要从事生产经营活动，首先必须拥有一定数量的财产物资，这些财产物资的货币表现，就被称为经营资金，简称“资金”，所以，以货币表现的经济活动通常又被称为资金运动。随着企业生产经营活动的不断进行，企业的资金也在不断地发生变化，如资金进入企业、资金在企业中的周转、资金退出企业，这些资金的运动可概括为会计的对象。

1.1.3 会计的基本假设

每个企业的规模、生命周期以及产品生产周期等各有不同，会计人员如何确定在什么时间、用什么计量单位反映和监督经济活动，又该对哪些范围的经济活动进行反映和监督呢?

会计的基本假设也就是对上面的问题所做的一个合理设定，即会计核算的基本前提。会计的基本假设包括会计主体、持续经营、会计分期和货币计量。

会计主体也称为会计实体，是会计服务所针对的特定单位，它为会计的核算界定了空间活动范围，划定了会计所要处理的经济业务事项的范围。会计只对那些影响会计主体经济利益的经济业务事项进行确认和计量。

持续经营是指会计主体的经营活动在可以预见的将来，会按既定的目标持续不断地经营下去，而不会停业、破产或者大规模地削减业务。会计信息加工、处理方法的确定都是建立在持续经营的基础上的，只有设定企业是持续经营的，才能进行正常的会计处理的活动。

会计分期是对持续经营假设的补充，是指将一个企业持续的生产经营活动划分为一个个连续的、长短相同的期间，也叫作会计期间。只有划分会计期间，才会有“这个月和上个月收入的差异”等这些不同期间的对比，出现收付实现制和权责发生制，才能按期编制财务报告，及时地向各方提供有关企业财务状况、经营成果和现金流量的信息。

权责发生制是指收入和费用应在实际发生时进行确认，而不是实际收到或支付现金时才确认。

会计分期的划分可以采用日历年度、营业周期。最常见的会计期间是一年，以一年确定的会计期间称为会计年度，按年度编制的财务会计报告也称为年报。我国的会计年度采用日历年度，自公历的 1 月 1 日起至 12 月 31 日止。

货币计量是指采用货币作为计量单位，记录和报告企业的生产经营活动。企业的经济活动方式多种多样，如采购材料用实物量度、核算工时用劳动时间等。会计是对企业经济活动全面的反映，就需要一个统一的计量单位，企业经济活动的最终体现为货币量，所以采用货币作为计量单位最为合适。

1.1.4 会计信息质量要求

会计是一个信息系统，它的主要作用就是向企业内外部各方提供有价值的数据和信息。那么会计所提供的信息应该符合会计信息质量要求，会计信息质量要求可概括为“八性”：可靠性、相关性、可理解性、可比性、实质重于形式、重要性、谨慎性和及时性。

① 可靠性：会计数据的取得、加工和处理必须真实、可靠、符合会计政策。

② 相关性：会计提供的会计信息，应该与使用者的经济决策相关，就是说要对决策有用、具有价值。

③ 可理解性：也叫明晰性，是指所提供的会计信息应当清晰明了。即会计信息的使用者要能理解并使用这些信息。

④ 可比性：指不同时期和空间的会计数据，可以做横向（如同行业）和纵向（同一行业不同时期）的比较。

⑤ 实质重于形式：指一项经济业务的发生，存在法律形式和经济实质两者不一致时，会计应当按照经济实质进行确认和计量、记录和报告。

⑥ 重要性：指在提供会计信息时，对于重要的交易事项，进行单独反映和详细核算，不得简略，而对于次要或对整体影响不大的交易或事项，核算时可以适当简化。

⑦ 谨慎性：也叫作稳健性，指对经济业务进行确认和计量、记录和报告时，应当不高估资产和收益、低估负债和费用，保持应有的谨慎。

⑧ 及时性：就是对发生的经济事项，按要求、按时间进行确认计量和记录报告，不提前也不延后。

1.2 复式记账

前一节讲述会计的基本概念，好比会计的框架，相对来说较为抽象，这一节我们将更近距离地接触会计，使之具体化。

1.2.1 会计要素

会计要素也就是会计要核算的内容，是会计对象的具体化，是对会计核算和监督内容即资金运动进行的分类。会计要素共有六个：资产、负债、所有者权益、收入、费用、利润。

① 资产：简单来说可理解为企业的“家当”，它是指企业过去的交易或事项形成的、由企业拥有或者控制的、能在生产经营中给企业带来经济利益的资源。

② 负债：指企业过去的交易或者事项形成的、预期会导致经济利益流出企业的现时债务。也就是企业因为过去已经发生的事项而造成的现在存在的债务，并且需要在将来某一时段偿还。

③ 所有者权益：指企业资产扣除负债后由所有者享有的剩余权益。

④ 收入：企业日常活动中形成的、会导致所有者权益增加的、与所有者投入资本无关的经济利益的总流入。

⑤ 费用：指企业日常活动中所发生的各项费用。

⑥ 利润：是企业在一定会计期间的经营成果。

1.2.2 会计等式

会计要素在数量上存在着一定的平衡关系，它们之间可以用公式来表示，这就是会计等式。它是各种会计核算方法的理论基础。

会计要素的增减变动过程和结果都可以用公式表示。

$$资产 = 负债 + 所有者权益$$

这是最基本的会计等式，任何经济业务的发生都不会破坏这一平衡关系，它是资金运动的静态表现，也是编制资产负债表的依据。

$$收入 - 费用 = 利润$$

上式称为会计第二等式，是资金运动的动态表现，也是编制利润表的依据。

1.2.3 会计科目

会计要素是对会计对象的分类，而对会计要素的进一步分类就形成了会计科目，它是按经济内容对资产、负债、所有者权益、收入、费用和利润等进一步分类而形成的类别名称，每一个会计科目都明确反映一定的经济内容。

会计科目按其所反映的经济内容的不同，可分为资产类科目、负债类科目、共同类科目、所有者权益类科目、损益类科目和成本类科目六大类。会计科目按其提供信息的详细程度及其隶属关系，可分为总账科目和明细分类科目。

会计科目也是复式记账和编制凭证的基础，复式记账是指每一笔经济业务的发生都要求同时在两个或两个以上相互联系的账户中，以相等的金额进行登记的记账方法，用以反映资金运动的来龙去脉。

1.2.4 会计的账户

会计账户是以会计科目为基础设置的，具有一定格式和结构，用于分类反映会计要素增减变动情况及其结果，会计科目是账户的名称。

账户的基本结构应正确反映各要素的增减变动，其简略的结构一般由借方和贷方组成，形成一个“T”字形，示例如图 1-1。

借方账户名称	贷方账户名称
本期期初余额	本期期初余额
本期借方发生额	本期贷方发生额
本期期末余额	本期期末余额

图 1-1 账户的基本结构（“T”字形账户）

下面所讲的“借”与“贷”，是会计中指示记账方向的基本符号，这两个字已经失去了它们原有的字面意思，只是作为会计符号用来表明经济业务变动的方向。在对账户记录的试算平衡中，就是根据“资产 = 负债 + 所有者权益”及借贷记账法“有借必有贷，借贷必相等”的记账规则来进行的。

会计账户的分类与会计科目相同，在此不再赘述。

1.2.5 会计的工作流程

会计的工作流程就是会计人员从做凭证开始到编制会计报表的过程，也叫会计循环。处理会计信息一般经过这样几个步骤：根据原始凭证做记账凭证—根据记账凭证登记明细账和总账—试算平衡—编制和报送财务报告—报税和纳税。

原始凭证的收集和整理是会计工作的第一项基本内容，它是记录企业日常经营活动最初的单据和凭证；完成第一项工作后，会计人员要根据原始凭证进行记账凭证的编制，也就是编制会计分录，手续齐全、审核完备的记账凭证才可以作为记账的依据；接下来即登记账簿或者过账，是指将记账凭证中的金额转抄到对应的账户中去，把分散的资料进行归类整理，这是会计工作的重要环节；进一步根据账户记录来进行试算平衡，以此考证账户记录是否正确，为编制会计报表提供数据基础；最后是编制报表和报税，目的是向报表使用者（内外关系人）提供对他们决策有用的信息，进行完这步后，一个完整的会计工作程序才得以完成。会计工作流程如图 1-2 所示。

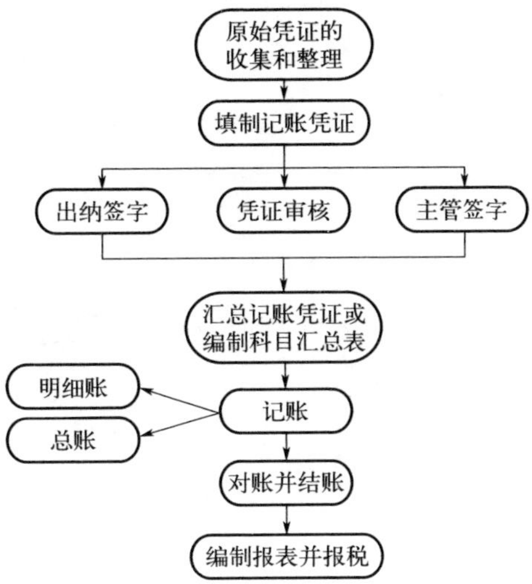

图 1-2　会计工作流程解析

俗话说“不打无准备的仗”，会计工作也是一样。经过本章的学习，读者已初步掌握了会计人员在进行会计工作时必须具备的基础理论和应熟知的工作流程，那么，就让我们继续向下一站进发吧。

1.3　小结

会计是一门必须进行实践的学科，在目前的就业环境中，很多企业都要求会计人员具备一定的从业经验，为了使读者更真实地体验会计的实战氛围，笔者以深某某有限公司为背景，带领读者一起完成会计工作的各个步骤，让读者能有更真切的体验，早日进入工作状态。模拟企业概况如下。

公司名称：深某某有限公司。

企业类型：生产型企业，主要生产电子产品，产品品种有 A、B、C 三种，主要销售至国内各地。

企业性质：一般纳税人，增值税率 13%，不享受企业优惠政策，企业所得税基本税率 25%。

企业账务处理程序：科目汇总表账务处理程序。

第2章　开门头件事
——建账

企业成立初始，会计所要面临的第一项工作就是建账。建账就是会计人员根据企业所在的行业和企业自身的经济业务情况，购置所需的账簿。建账就好比是让会计凭证的数据有所归属，让编制财务报表有所依据，在会计凭证和会计报表之间建一座桥梁。

2.1 建账注意事项

建筑桥梁要考虑周边环境、构造结构等问题，那么一个企业应该如何建账，在建账时又需要考虑哪些问题呢?

2.1.1 企业建账应注意的问题

企业的类型各种各样，无论是哪种企业，在建账时都需要首先考虑以下问题。

（1）企业的规模

账簿数量的多少跟企业的规模、业务量的大小密切相关。如果企业规模大，那么经济业务量就大，会计所需要购买的账簿也就多；反之，如果企业规模小，业务量就小，那么所需的账簿也就相应地减少了。

（2）企业管理的需要

账簿是为了满足企业管理需要而建立的，以满足企业管理需要为前提，才能为管理提供有用的会计信息。

（3）企业应用的账务处理程序

账务处理程序有记账凭证账务处理程序、汇总记账凭证账务处理程序和科目汇总表账务处理程序，不同的账务处理程序所对应的账簿设置也不相同。

除了上述三项内容，企业建账还应该符合《中华人民共和国会计法》和国家会计制度的规定，同时考虑企业本身的会计人员数量、岗位设置和人员分工，经济业务的繁简程度以及核算形式、是否采用电算化会计核算等因素，使账簿的设置科学合理、简明实用，从而提高会计信息处理和利用的效率。

各个企业建账所需购买的账簿不同，但必须设置的账簿有：现金日记账、银行存款日记账、总账和明细账。会计人员在确定本企业所应设置的账簿后，可连同记账凭证（通用记账凭证或者收款凭证、付款凭证、转账凭证）、记账凭证封面、装订工具及相关会计报表（利润表、资产负债表、现金流量表）一起购买，为企业建账做好准备工作。

2.1.2 建账时应取得的资料

会计人员在建账时应取得如下资料：营业执照、银行基本存款账户信息、企业章程、验资报告、税务部门相关资料等。其中验资报告并不是建账必需的资料。目前，注册公司不要求实缴入资，采用认缴方式即可，股东在规定时间内入资就可以了，但是，公司章程或者验资报告可以反映企业股东的出资方式，是以货币出资还是以实物等其他形式出资。如果注册资本发生变动、股东发生变动，应及时取得历次变动后的最新章程。需要补充的是，股东以实物出资的，还需要获取相关部门对出资实物的评估报告。税务部门相关资料可以帮助会计人员了解企业的税务性质，如企业是小规模纳税人或一般增值税纳税人、外商投资企业或国内投资企业，从事哪一行业范围的经营活动等，为会计人员进行总账、明细账（税费科目等）建账提供依据。

2.1.3 会计账簿

会计账簿，是由一定格式的账页组成的，根据会计凭证进行登记，用以全面、系统、连续地记录企业各项经济业务的簿记，也就是上述建账提到的账册。在学习如何建账前，我们先了解一下各类账簿的格式和应用范围。账簿可以根据用途、账页格式和外表形式的不同进行分类。

（1）按用途分类

可分为序时账簿、分类账簿和备查账簿。

① 序时账簿：是按照会计部门收到凭证的先后顺序即凭证号的先后顺序进行逐日登记的账簿，也称为日记账。它又可以分为普通日记账（记录全部经济业务）和特种日记账（登记某一类经济业务）两种，我国企业一般只设置现金日记账和银行存款日记账两种。

② 分类账簿：是对全部经济业务按照会计科目设置的分类账户进行登记的账簿。其中可分为总分类账：根据一级会计科目设置的，总括反映全部经济业务和资金状况的账簿；明细分类账：根据二级或明细科目设置的，详细记录某一类经济业务增减变化情况的账簿。明细分类账是对总账的补充和具体化，两者相辅相成，互为补充。

③ 备查账簿：是对序时账簿和分类账簿等主要账簿的补充，因此也叫作辅助账簿。不是所有企业都需设置备查账簿。

（2）按账页格式分类

有两栏式、三栏式、多栏式和数量金额式四种。

① 两栏式账簿：只有借方和贷方两个基本金额栏的账簿，日常工作中这种账簿很少用。

② 三栏式账簿：设有借方、贷方和余额三个基本栏目的账簿。

③ 多栏式账簿：在账页上设置多栏，只记录金额的账簿，一般适用于费用、成本等明细账。

④ 数量金额式账簿：在账页借方、贷方和余额三个栏目内，部分设数量、单价和余额三小栏，借以反映财产物资的实物数量和价值量。原材料、库存产品（含产成品）等明细账一般都采用数量金额式账簿。读者可在后续第 4 章“手到擒来——账簿的登记”中了解此类账簿的格式。

（3）按外表形式分类

可分为订本式账簿（订本账）、活页式账簿（活页账）和卡片式账簿（卡片账）。

① 订本账：账簿启用之前，所有账页就已经固定装订，并进行了连续的编号。一般用于总账、现金和银行存款日记账。

② 活页账：是指账簿在启用前并没有固定装订，而是置于活页账夹内，会计人员可根据记账内容的多少来增减账页，各种明细账一般采用这种形式的账簿。

③ 卡片账：它也是活页账的一种形式，但是它是将账户所需格式印刷在卡片上，并放置在卡片箱内的账簿。

2.2 各类账簿的建账原则

2.2.1 总账的建账原则

总账是根据一级会计科目设置的，用于总括反映企业资产、负债、所有者权益、费用、收入和利润等全部经济业务而开设的账簿。总账的建账原则主要有以下几点。

① 总账的科目名称要与国家统一会计制度中规定的科目名称一致。

② 总账的格式要与企业所采用的账务处理程序相适应。企业应根据自身所采用的账务处理程序，从总账目前存在的三栏式、多栏式（日记总账）、棋盘式和科目汇总表等格式中选取适合企业本身的总账格式。

③ 总账的外表形式一定要采用订本式。除科目汇总表总账可以采用活页式的外表形式以外，其他的总账都必须采用订本式账簿，这是为了保护总账记录的安全和完整。实行电算化的企业，审核打印后的账簿一般要装订成册，经由各相关人员签名盖章后妥善保管，避免账页的失散。

2.2.2 明细账的建账原则

明细账提供会计信息形成的具体情况和有关线索，它根据总账科目所属的明细科目设置，是分类登记某一经济业务的账簿。它的建账原则如下：

① 明细账的科目可以根据统一会计制度和企业自身管理两者结合设置，对于会计制度有明确规定的，按规定设置明细科目；没有明确规定的，企业可按照会计制度中的设置方法和原则，按企业管理的需要设置明细科目来建账。

② 明细账的格式可以根据所记录的经济业务及财产物资管理的需要来进行选择。如期间费用的记录采用多栏式明细账，财产物资采用数量金额式或者三栏式账簿。会计人员在进行明细账建账时应综合考虑，合理选择明细账格式。

③ 明细账可以按照记账人员的分工分别填列，为了便于账页的重新排列和使用方便，所以大多采用活页式外表形式的账簿。但为了防止账页散失和被抽换，使用时要按顺序编好号并妥善保管。

2.2.3 日记账的建账原则

现金日记账和银行存款日记账是每个企业必须设置的账簿，它们的建账原则如下：

① 日记账的格式一般采用三栏式，通过借方、贷方和余额三栏来体现和监督现金、银行存款的每日收入、支出和结存情况，并在借、贷两栏中设有"对方科目"栏，以便了解现金或银行存款的来源和去向。

② 日记账的账簿外形必须采用订本式，这在《会计基础工作规范》中有明确规定："现金日记账和银行存款日记账必须采用订本式账簿。不得用银行对账单或者其他方法代替日记账。"

2.2.4 备查账的建账原则

备查账是一种辅助账簿，不是每个企业都必须建立的，它是对日记账和分类账中未记载的会计事项加以补充说明的账簿。备查账的建账原则有以下几点：

① 备查账的设置。根据统一会计制度和企业管理需要设置。

② 备查账的格式。备查账的格式没有统一固定的标准，它与其他账簿之间也没有特别严密的账务勾稽关系，其格式由会计人员根据企业内部管理需要确定。

③ 备查账的形式。备查账作为一种辅助账簿，应方便使用和查找资料，一般使用活页式账簿的外表形式，同时，在使用过程中也应按顺序编号装订成册，妥善保管，避免账页丢失。

2.3 不同行业的建账

不同的行业，会计人员建账所需购置的账册不同，本节将以行业为分类向大家介绍工业企业、商品流通企业、服务企业应如何建账。

2.3.1 工业企业建账

工业企业是指专门从事产品的制造、加工、生产的企业，也可以称为制造业企业。它的建账可以说是各个行业中最复杂也最具有代表意义的，为什么这么说呢？工业企业的会计核算不但涉及采购、销售，还涉及产品的生产、成本的核算问题，懂得了工业企业的建账，其他行业的建账问题也就能迎刃而解了。企业建账的流程如图 2-1 所示。

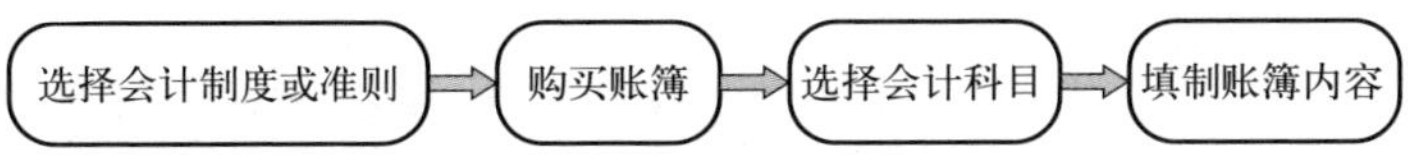

图 2-1　建账流程

我们以深某某有限公司为例，来了解工业企业建账的过程。

（1）初始成立建账

第一步，选择会计制度或准则。

根据企业规模选择适用《企业会计准则》或者《小企业会计准则》。

《企业会计准则》适用于上市公司、金融机构、国有企业等大中型企业。《小企业会计准则》适用于符合《中小企业划型标准规定》所规定的小型企业标准的企业，但不包括股票或债券在市场上公开交易的小企业、金融机构或其他具有金融性质的小企业以及企业集团内的母公司和子公司。

本书中深某某有限公司选用《企业会计准则》。

第二步，购买账簿。

① 现金日记账和银行存款日记账。这是工业企业必须设置的账簿。企业一般只需买一本现金日记账，如果有外币交易则另分设一本外币现金账；对于银行存款，可根据各个银行账号单独设立账本，如果业务较少的，可多个账号合用一本账册。深某某有限公司的现金业务不涉及外币，且企业只设有一个基

本账户，因此购买现金日记账、银行存款日记账各一本。

② 总分类账。总分类账一般采用订本式账簿，企业可根据自身规模选择账簿，深某某有限公司因业务规模中等，故选择100页的账册用于登记总分类账。

③ 明细分类账。企业可根据自身管理的要求来设置，没有固定的要求。深某某有限公司根据业务设置了如下明细分类账：

应收账款（按客户名称设置）、其他应收款（按应收款项的部门或个人设置）、固定资产（按固定资产的类型设置）、短期借款（按借款的种类或对象设置）、原材料（按材料类别设置）及库存商品（按产品类别设置）、应付账款（按供应商名称设置）、其他应付款（按应付款项的内容设置）、应付职工薪酬（按应付部门设置）、应交税费（按税费种类设置）、生产成本、制造费用（按耗用项目设置）、主营业务收入和主营业务成本（按产品类别设置）、管理费用、销售费用、财务费用（按费用项目设置）、营业外收入、营业外支出、利润分配、实收资本（按投资者设置）、本年利润等。

第三步，选择会计科目。

企业应根据自身业务量和管理的需要，从资产类、负债类、所有者权益类、成本类和损益类中选择出应设置的科目。深某某有限公司比较常用的会计科目选择如下。

① 资产类科目："库存现金""银行存款""原材料""库存商品""应收账款""其他应收款""固定资产""累计折旧"等。

② 负债类科目："短期借款""应付账款""应交税费""应付职工薪酬""其他应付款"等。

③ 所有者权益类科目："实收资本""资本公积""盈余公积""本年利润""利润分配"等。

④ 成本类科目："生产成本""制造费用"等。

⑤ 损益类科目："主营业务收入""主营业务成本""其他业务收入""营业外收入""营业外支出""管理费用""财务费用""销售费用""所得税费用"等。

第四步，填制账簿内容。

① 扉页。也就是注明账簿启用和经管人员，格式如表2-1所示。

表 2-1　账簿扉页格式

账簿启用和经管人员一览表

账簿名称：	现金日记账	单位名称：	深某某有限公司
账簿编号：	1	账簿册数：	第一册，共一册
账簿页数：	100	启用日期：	20××年1月1日
会计主管：	何某	记账人员：	郭某

移交日期			移交人		接管日期			接管人		会计主管	
年	月	日	姓名	签章	年	月	日	姓名	签章	姓名	签章

② 分类账的账户目录。总分类账采用订本式账簿，每页右上角或者左上角已经事先印刷好了页码。但是一般每个单位只需合用一本总账，所以应给每个账户预留好页码，也就是做好账户目录，利于科目索引。明细账由于采用活页式账簿，在年底归档前可以根据需要增减账页，但是为了方便工作，也可以如总分类账一样设置科目索引，示例如表 2-2。

表 2-2　账户目录

账户目录（科目索引）

顺序号	科目名称	账页号	顺序号	科目名称	账页号	顺序号	科目名称	账页号
001	库存现金	01—05						
002	银行存款	06—10						
003	应收账款	11—20						
004	原材料	21—30						
005	库存商品	31—35						
006	其他应收款	36—40						
	……							

③ 填写账页。

a. 总账账页：把各类会计科目名称写在账页的左上角或右上角的横线上

（或加盖科目章）即可。

b. 明细账账页：根据不同的经济业务和管理需求，我们选择使用不同类型的明细账账页。明细账除原材料明细账采用数量金额式、成本费用和收入明细账采用多栏式以外，其他明细账一般都采用三栏式账簿。三栏式账簿账页的填写与总账类似，但是应根据企业具体情况分别在账页总账科目下填写所设置的明细科目名称。而对于多栏式，如管理费用，则按企业管理需要，将费用的分析项目列示在账页中。

（2）会计年度起始建账

上面所述都是企业成立伊始工业企业建账所需进行的工作流程。每一个会计年度开始时，会计人员也需进行账簿的购置，这时的建账我们也可以称之为年度账簿更新。

一般来说，企业的总账、日记账和多数明细账每年需更换一次，即年初建账。但有些明细账也可以继续使用，如固定资产明细账、债权债务明细账等，因为业务量大，明细科目繁多，为了避免更换新账的大工作量，企业可以跨年度连续使用。

年初建账的方法和企业初始成立时建账的方法一致，但需多一步期初余额的登记，即为了衔接，将上年度账户的余额，转抄至新账户所开第一页的首行，会计术语称为“过账”。示例如表 2-3。

表 2-3　明细科目过账

应 收 账 款

明细科目名称：仁兴公司　　　　第 11 页

20×× 年		凭证		摘要	对方科目	收入								支出								借或贷	结余								√
月	日	字	号			十	万	千	百	十	元	角	分	十	万	千	百	十	元	角	分		十	万	千	百	十	元	角	分	
1	1			上年结转																		借		5	8	8	8	0	0	0	

会计建账可以考查会计人员的业务能力以及对企业业务流程的熟悉程度，会建账、建好账是会计人员必须掌握的一项基础工作。

2.3.2　商品流通企业建账

商品流通企业是指从事商品买卖业务的独立核算企业，包括商业、外贸、图书发行等企业。比如我们日常生活中接触最多的超市、书店等。商品流通企业的经济活动主要是商品流通领域中的购、销、存活动。对比生产企业，商品流通企业没有产品生产过程，它核算的主要内容为采购成本、销售成本及商品流通费用这几项。

那么，商品流通企业的建账过程又是怎样的呢？相对来说，要比生产企业的简单一些，在会计科目的选择和账簿的设置上会与生产企业有些区别，但同样适用于上述建账流程。

第一步，选择合适的企业制度，商品流通企业同样适用《企业会计准则》。

第二步，购置账簿，商品流通企业需设置的账簿有现金日记账、银行存款日记账、总分类账和明细分类账。

商品流通企业除了与工业企业类似的日常账簿外，还需要设置商品采购、商品进销差价和库存商品三个商品流通企业必备的总账账簿。同样其明细账的设置应增加商品采购（按客户名称设置）明细账、商品进销差价（按商品品种、名称、存放地点等设置）明细账，还应该减少工业企业中的生产成本、制造费用的明细账设置，除此以外，其他账簿均与工业企业相同。

第三步，选择会计科目，同理于工业企业账簿的设置，商品流通企业需增加“商品采购”“商品进销差价”科目，减少“生产成本”“制造费用”科目。

第四步，填制账簿内容，可按照生产企业的账簿填制。

2.3.3 服务企业建账

服务企业就是我们日常所说的第三产业，是指那些对外提供劳务或服务的企业，它最重要的特点不是销售产品，而是通过提供某种服务或者劳务赚取利润，所以我们把此类行业的企业叫作服务企业。包括：交通运输业、邮电通信业、文化体育业、娱乐业、旅游业、仓储物流业、中介代理业、广告业等。它在会计核算上比较简单，所以账簿的设置也相对简单。

服务企业账簿的设置也需要有现金日记账、银行存款日记账、总分类账和明细分类账。对比工业企业和商品流通企业，服务企业的总账科目相对较少，常设置的科目有“库存现金、银行存款、短期投资、应收账款、其他应收款、存货、长期投资、固定资产、累计折旧、无形资产、管理费用、长期待摊费用、短期借款、应付账款、其他应付款、应付职工薪酬、应交税费、应付利润、实收资本（股本）、资本公积、盈余公积、未分配利润、本年利润、营业收入、营业成本、营业外收入、营业外支出、以前年度损益调整、所得税费用”等，其他建账流程与工业企业和商品流通企业基本类似，在此不再赘述。

2.4 应用财务软件应如何建账

利用财务软件进行会计工作是会计电算化的体现形式，账务处理软件系统是会计电算化的核心模块。一般的财务软件账务处理系统由系统初始化、记账凭证输入、记账结账、账簿处理、报表处理等几个部分组成。对应手工会计的建账，在财务软件中称之为系统的初始化，即电算化建账。

电算化建账是财务软件使用中的一次性工作，在建账过程中设定的会计科目代码等参数在结束建账后是无法轻易进行修改的，为确保软件在后续运行中的高效性与稳定性，会计人员一定要认真对待电算化建账。

2.4.1 数据的收集

财务软件的建账可以从环境设定、初始数据收集、初始化工作、数据录入这几个方面来考虑。财务软件在正式使用之前，所有的会计科目名称、各科目的发生额和余额都未存在于软件中，电算化建账的第一步就是将这些数据进行收集整理。

系统初始化需要会计人员从手工账中收集各会计科目的名称、层次及各科目的发生额和余额。在会计年度中期进行电算化建账时，还需要收集各个科目的累计发生额和年初余额。收集的数据信息力求完整，如有明细科目的必须收集至最低层级科目的余额、发生额，避免遗漏。

2.4.2 初始化工作

财务软件中对于不同的行业已经根据财务制度的规定设定了一套总账科目，但建账时需要会计人员对这些科目进行选择，并添加各总账科目下的明细科目，建立适合企业自身的会计科目体系。完成科目设置后再将各科目余额录入系统，结束初始化工作。

（1）编码设置

在软件系统中会广泛运用代码，电算化账务系统也不例外，各会计科目需要加入一个编码，会计科目编码用阿拉伯数字编制，采用分段组合编码的方式，从左到右分成数段，每一固定位数表示不同层次的会计科目。

一级会计科目的编号一般用四位数字表示，其中：第一位数字（即千位）表示会计科目的类别，1 表示资产类，2 表示负债类，3 表示所有者权益类，4

表示成本类，5 表示损益类；第二位数字（即百位）表示大类下面的小类；剩余两位为流水号。

二级会计科目一般采用六位编码，其中前四位为一级科目的代码，后两位为流水号。

如深某某有限公司应付账款各明细科目编码如图 2-2 所示。

图 2-2　科目编码示意图

在进行会计科目编码时，会计人员应注意以下几点：

① 总账科目的编码必须符合会计准则中的有关规定，明细科目可以在准则规定的范围内依据本企业自身的管理要求设定。

② 代码与科目应该一一对应，一个代码只对应一个会计科目，这样可以避免出现重复，利于系统运行。

③ 为了提高工作的效率，会计科目编码应结合自身的管理需要和计算机的处理环境，越短越好。

④ 会计科目体系的设定是初始化工作的一部分，一般情况下，一经设定，在账套启用后其代码结构是无法改变的。所以，会计人员在进行账套初始化时应充分考虑各方面的要求，根据企业的业务量来决定明细科目代码的长度，保持一定的可扩展性。

（2）数据录入

在完成科目选择、明细科目设置、编码设置等工作后，下一步的工作就是数据的录入。数据录入工作分为两种情况：年度初始（一月份）启用账套的，只需输入上年年末余额即可；如果是年中启用账套的，除了上年年末的余额以外，还需要输入启用年度年初余额和本年一月份至启用账套月份各月的累计发生额，为会计报表的编制做准备。

数据的录入只需要按事先设置好的会计科目，将最低层级明细科目的数据（年初余额、累计发生额）逐一录入，其他数据如上级科目的年初余额、累计发生额、期初余额会由软件系统自动汇总。输入完成后，选择软件的试算平衡功能，如果计算机检测无误，则代表各要素之间数据的对应关系正确。

（3）其他事项

凭证类型的选择：在会计日常工作中，翻阅凭证查账是一项经常性的工作，手工记账中经常把凭证分为收、付、转三类，便于凭证的管理和查账。但是，在财务软件中，查找凭证等工作是完全通过计算机来实现的，为了提高财务软件的处理速度，在进行凭证类型设置时最好只用一种格式，即通用记账凭证。只用一种凭证格式既可以提高软件查账速度，同时也能加快凭证的输入速度。

自动转账凭证的设置：会计工作于月末需要将具有对应关系的科目之间的数据互转，如制造费用结转至生产成本，所有收入、费用和成本结转至本年利润，年末本年利润结转至利润分配，等等。手工做账中，这些结转工作需要会计人员按程序进行，而在财务软件中，这些工作是可以由计算机自动完成的，只需要在账套初始化时对“自动转账凭证”这一功能进行参数设置，将转出科目、转入科目以及汇总数据的性质（余额、发生额）设置好，就可以轻松实现转账工作。

财务软件系统初始化是为后续电算化工作所做的铺垫，高质量地做好初始化工作能免去日后工作中的诸多小麻烦，也能最大限度地发挥财务软件的作用。

2.5 小结

会计建账前最好了解所在企业的生产经营及业务情况，会计科目不是越多越好，选择适合本企业的，设置较少的会计科目，能够反映企业经营业务即可。企业建账时，所选核算方法应衔接主管税务部门的要求，力求与税法规定保持一致，以减轻年度汇算清缴时的纳税调整工作量。

账簿的选择，总分类账、现金日记账和银行存款日记账一般是一个企业各一本，明细分类账簿并不要求每个科目设置一本，会计人员可以根据本企业的业务量多少来衡量，将多个明细科目合用一本账册，在账户目录上清楚列明即可。但在明细分类账簿合并使用时，要注意结合会计人员的分工情况，最好将不同岗位所使用的明细分类账本分开设立。

第3章　小试身手
——编制凭证

经过前面会计理论知识的初步学习，读者应已经掌握了大致的会计基础知识，从本章开始，我们将以“深某某有限公司”为背景，列举该企业20×× 年12月的部分经济业务，带领读者步入真实的会计情境，在实践中掌握核心技能。

3.1 会计凭证的用途及种类

企业在从事任何一项经济活动时都必须填制会计凭证。会计凭证的合法取得、正确填制和审核，是会计核算工作的起点，在经营管理中会计凭证也具有重要的作用。

3.1.1 会计凭证的用途

① 记录经济业务，提供记账依据：会计人员根据凭证记录的经济业务进行整理、分类及会计处理，提取会计信息。会计凭证是登记账簿的依据。

② 明确并加强经济责任：会计凭证在取得时，除了记录有相关业务内容外，每个经办人员或部门都必须进行签章（签名或盖章），明确责任。

③ 监督和控制经济活动：在会计凭证填制后，有关责任人在其职权范围内还应进行审核，通过审核，可以对经济业务是否合法、是否符合计划、是否铺张浪费等行为进行监督和控制。

3.1.2 会计凭证的种类

会计凭证多种多样，按照编制的程序和用途可以分为记账凭证和原始凭证两类。

3.2 原始凭证的填制和审核

读者可不要忽视了原始凭证的作用，它记录了与整个公司营运有关的费用情况。原始凭证的内容看上去像没有意义的数据，但经过会计人员的处理，它能体现公司各方面的经营和运作情况。

3.2.1 原始凭证的内容

原始凭证是编制记账凭证的依据，是会计核算最基础的原始资料，它要做到载明内容清晰、经济责任明确，一般具备的基本内容有：原始凭证名称、填制原始凭证的日期、接受原始凭证的单位名称、经济业务内容（含数量、单价、金额等）、填制单位签章、有关人员签章、凭证附件等。

3.2.2 原始凭证的种类

原始凭证种类繁多，其分类有如下几种。

（1）按来源划分

可分为外来原始凭证和自制原始凭证。

① 外来原始凭证：显而易见，它来自本单位的外部，是经济业务发生或完成时，从其他单位或个人直接取得的原始凭证，如购买货物取得的增值税专用发票，对外单位支付款项时取得的收据，员工出差的车票、飞机票，等等。

【例 3-1】20×× 年 12 月 2 日，深某某有限公司购买图丰弹簧厂原材料弹簧一批，已经验收入库，货款 20000 元及增值税金 2600 元暂未支付，从图丰弹簧厂获得增值税专用发票一张，如图 3-1 所示。

电子发票(增值税专用发票)

发票号码：********************
开票日期：20××年12月02日

共1页 第1页

购买方信息	名称：深某某有限公司 统一社会信用代码/纳税人识别号：91****************			销售方信息	名称：图丰弹簧厂 统一社会信用代码/纳税人识别号：91****************		
项目名称	规格型号	单位	数量	单价	金额	税率/征收率	税额
*金属制品*弹簧		kg	5000	4	20,000.00	13%	2,600.00
合计					¥20,000.00		¥2,600.00
价税合计(大写)	贰万贰仟陆佰元整		(小写) ¥22,600.00				
备注							

开票人：王某

图 3-1 外来原始凭证——增值税专用发票

【例 3-2】20×× 年 12 月 10 日，深某某有限公司转账支付上月欠新佳乐公司的原料款 11700 元，取得新佳乐公司开出的收款收据一张，如表 3-1 所示。

表 3-1 外来原始凭证——收款收据

收款收据　　NO：000302

今收到	深某某有限公司			第二联：收据
交　来	20×× 年 11 月份货款			
人民币（大写）	壹万壹仟柒佰元整		¥11,700.00	
收款单位	新佳乐公司	收款人	张某	
（公章）	（签章）		20×× 年 12 月 10 日	

② 自制原始凭证：它的来源是本单位内部，是由单位内部经办业务的人员或者部门在办理经济业务时填制，使用范围仅限公司内部的原始凭证，如收

料单、领料单、借款单、折旧计算表等。

【例 3-3】20×× 年 12 月 1 日，营销部孙某借出差费用 1000 元，写借款单一张。如表 3-2 所示。

表 3-2 自制原始凭证——借款单

借款单

20×× 年 12 月 1 日　　借款单号：00001

借款原因	出差杭州会见客户		
借款金额（大写）	壹仟元整　　¥1,000.00		
预计还款日期	20×× 年 12 月 5 日　　领款人签名：孙某		
会计主管：何某	部门批准：张某	出纳：郭某	借款人：孙某

（2）按填制手续及内容划分

可分为一次凭证、累计凭证、汇总凭证。

① 一次凭证：它只能记录和反映一笔经济业务，在填制时一次完成。比如：收据、领料单、收料单等。

【例 3-4】20×× 年 12 月 1 日，深某某有限公司签发支票向银行提取备用金 3000 元，开具现金支票一张。一次原始凭证如表 3-3 所示。

表 3-3 一次原始凭证——现金支票存根

中国建设银行
现金支票存根

支票号码：1234567

科目＿＿＿＿＿

对方科目＿＿＿＿＿

出票日期：20×× 年 12 月 1 日

收款人：深某某有限公司
金额：3000 元
用途：备用金

单位主管：何某　　会计：伍某

② 累计凭证：它用来记录一定时期内多次发生的同类型的经济业务。在一张累计凭证中可以连续登记相同性质的经济业务，随时结出累计数及结余，可对费用进行控制，期末按实际发生额记账。如限额领料单。

【例 3-5】20×× 年 12 月 10 日，深某某有限公司生产车间本月上旬领用弹簧共 980kg，开具限额领料单一张。累计原始凭证见表 3-4。

表 3-4　累计原始凭证——限额领料单

限额领料单

领料部门：　　　　生产车间　　　　　　　　　　　　　　　　领料编号：9121001
领料用途：　　　　制造产品　　20×× 年 12 月 10 日　　　　发料仓库：原料仓

材料类别	材料编号	材料名称及规格	计量单位	领用限额	实际领用	单价	金额	备注
A		弹簧	kg	1,000	980	5	4,900.00	
供应部门负责人：谢某				生产部门负责人：刘某				
日期	领用				退料			限额结余
	请领数量	实发数量	发料人签章	领料人签章	退料数量	退料人签章	收料人签章	
12 月 3 日	300	300	李某	刘某				
12 月 6 日	500	480	李某	刘某				
12 月 9 日	200	200	李某	刘某				

审核：谢某　　　　　　　　　　　　记账：吴某　　　　　　　　　　制单：李某

③ 汇总凭证：它是对一定时期内若干笔相同经济业务按一定标准的综合反映，起到了简化记账工作量的作用。常见的有：发出材料汇总表、工资结算汇总表等。

【例 3-6】20×× 年 12 月 8 日，行政部小王报销购买办公用品的款项，金额 500 元，填写报销单一张。汇总原始凭证见表 3-5。

表 3-5　汇总原始凭证——费用报销单

费用报销单

部门：行政部　　　　　　20××-12-8

摘要		金额
购买办公用品一批		500.00
合计（大写）：伍佰元整		¥500.00
附单据张数	2 张	领款人签章：王某

会计主管：何某　　部门审核：张某　　会计：周某　　出纳：郭某　　经手人：王某

（3）按照格式划分

可分为通用凭证和专用凭证。

① 通用凭证：它的格式统一、使用范围广泛（某一地区、某一行业或者

是全国)，并且通常由相关部门统一印刷，如银行的转账结算凭证等。

【例 3-7】20×× 年 12 月 13 日，收到仁兴公司汇入银行 11 月所欠货款 5000 元，银行电汇单一张。见表 3-6。

表 3-6 通用原始凭证——银行结算凭证

中国建设银行电划贷方补充报单第三联　　报单号码 NO.　132913

广州市　收报　20×× 年 12 月 13 日　凭证提交号　13153

发报行行号	32131	汇出行行号	43425	收报行行号	2335	汇入行行号或行名	35453
付款人	账号或地址	浙江省台州市 784611471951094		收款人	账号或地址	广州市白云区 2350012351332173012	
	名称	仁兴公司			名称	深某某有限公司	
金额（大写）	伍仟元整					金额	
						¥ 5,000.00	
事由：货款						应解汇款编号	
上列款项已代进账，如有错误，请持此联来行面洽。此致（开户单位）	银行（盖章） 年 月 日	上列款项已照收无误 证件名称： 证件号码： 年 月 日				科 目：(贷) 对方科目：(借) 解汇日期：年 月 日 复核 记账 出纳	

此联送收款人代作账通知或取款凭据

② 专用凭证：是仅限于本单位内部使用的原始凭证，如领料单、差旅费报销单、折旧计算表、工资费用分配表等。如本节中表 3-4、表 3-5 就属于此类原始凭证。

(4) 按经济业务划分

可分为款项收付凭证、出入库业务凭证、成本费用凭证、购销业务凭证、固定资产业务凭证、转账业务凭证。

① 款项收付凭证：是用来记录现金和银行存款收付业务的原始凭证，如本节表 3-1、表 3-2。

② 出入库业务凭证：它是记录材料、产成品出入库等情况的原始凭证，如本节表 3-4。

③ 成本费用凭证：产品生产费用的发生和分配情况都能用它来记录，这些凭证大部分也都是企业内部的自制凭证，如工资单、工资费用汇总表、产品成本计算表等。

【例 3-8】20×× 年 12 月 10 日，深某某有限公司本月应付工资总额

100000 元，工资费用分配如下：产品生产人员 50000 元，车间管理人员 10000 元，行政管理人员 20000 元，销售人员 20000 元。当日以银行存款发放至工人工资卡中。编制工资结算汇总表一份，见表 3-7。

表 3-7 成本费用凭证——工资结算汇总表

工资结算汇总表

20×× 年 12 月 10 日

人员	标准工资	事病假工资	奖金	津贴	应付工资	代扣款项	实发工资
生产人员	略	略	略	略	50,000.00		50,000.00
包括：A 产品					22,500.00		22,500.00
B 产品					17,500.00		17,500.00
C 产品					10,000.00		10,000.00
车间管理人员					10,000.00		10,000.00
管理部门					20,000.00		20,000.00
销售部门					20,000.00		20,000.00
合计					100,000.00		100,000.00

会计主管：何某　　人事审核：张某　　记账：周某　　制单：李某

④ 购销业务凭证：用来记录材料物品采购或劳务供应、产品或劳务销售的原始凭证，如本节表 3-1。

⑤ 固定资产业务凭证：记录固定资产购置、调拨、报废、盘盈和盘亏等业务的原始凭证。如固定资产验收单、固定资产移交清册等。

【例 3-9】 20×× 年 12 月 7 日，深某某有限公司购入海力设备厂一台不需要安装的机器设备，价款 50000 元，税款 6500 元，款项暂未支付。收到固定资产验收单一张，见表 3-8。

表 3-8 固定资产业务凭证——固定资产验收单

固定资产验收单

20×× 年 12 月 7 日　　编号：091201

名称	规格型号	来源	数量	购价	使用年限	预计残值	
机器设备		外购	1	50,000.00			
安装费	月折旧率		建造单位		交工日期	附件	
验收部门	设备科	验收人员	李某	管理部门	设备科	管理人员	张某
备注							

会计记账：李某　　设备科审核：李某　　制单：刘某

⑥ 转账业务凭证：用于记录不涉及现金和银行存款收付的转账业务的原始凭证，通常有固定格式，由制单人员和会计主管签章。

分清原始凭证的种类，并了解它们各自的用途，知道什么样的原始凭证代表哪类经济业务，或者企业所发生的经济业务需要哪些原始凭证作为依据，是会计人员必备的工作技能。

3.2.3 原始凭证的填制

会计核算工作质量的保证是从保证原始凭证的质量开始的，正确填制原始凭证必须符合如下要求。

① 记录是客观真实的：原始凭证中所列示的一切内容和数字必须是真实可靠，符合实际情况的。

② 内容要完整：应该填写的项目必须逐项填列完整，不能省略或遗漏。日期要按实际填写原始凭证的日期填写；单位或人员名称都必须是全名，不得简化；品名或者用途也都要填写清楚；签章必须齐全。

③ 手续要完备：企业自制的原始凭证，各相关人员或部门签章要齐全；对外或从外部取得的原始凭证必须要有本单位或填制单位的公章。

④ 书写要清楚、规范：大小写金额必须相符，不得涂、改、刮、擦等，原始凭证出现错误的，应当由出具单位重开或者更正，更正处加盖出具单位印章，金额错误的不得更正，必须重开；原始凭证中的大写金额必须规范，不得使用未经国家认可的简化汉字，小写金额采用阿拉伯数字，不得连笔，且在金额前要紧挨着填写人民币符号“¥”，将所有金额具体到角、分。

⑤ 编号要连续：一式几联的凭证必须注明各联的用途，有编号的凭证必须连续，以便考查，如有作废，应加盖“作废”标记，妥善保存。

⑥ 填制、传递要及时：发生经济业务时必须如实填制或取得原始凭证并及时送交会计机构，以保证会计核算工作的正常进行。

3.2.4 原始凭证的审核

每一项会计工作都需经过严格审核，以保证会计信息的真实、可靠和正确，如实反映经济业务的发生和完成情况。原始凭证也不例外，它的审核包括以下内容：

① 内容是否真实：原始凭证是会计信息的最初来源，它的质量对会计信息的质量有着至关重要的作用。会计人员在审核有关原始凭证时应当以国家统一的会计制度为依据，对凭证日期、业务内容、数据的真实性进行审查。

② 合法性、合理性审核：原始凭证所记录的经济业务是否违法违规、是

否履行了凭证传递和审核程序、符不符合企业生产经营需要、有没有贪污腐败等，会计人员都要进行认真的审核。

③ 审核凭证是否正确和完整：经办人员是否按原始凭证填制要求填写正确、有没有漏填错填、金额大小是否一致等，如有差错，应退还经办人员进行更正。

④ 原始凭证的及时性：及时性原则要求会计信息提供及时，而原始凭证的及时性则是保证会计信息及时性的基础。会计人员应要求经办人员在经济业务发生或完成时及时填制有关原始凭证并传递给会计部门。

会计人员对符合要求的原始凭证应及时编制记账凭证，对于内容不够完整或者填写错误的，应退回给有关经办人员，更正后再重新办理会计手续。对于不真实、违法的原始凭证，会计人员应不予接受并向上级报告。

3.2.5 原始凭证的粘贴

原始凭证是经由企业各个部门汇集到会计或者财务部门用以进行账务处理的依据，其种类繁多，格式不一。在实际工作中经常会发现会计部门以外的员工拿着一大堆杂乱的未经整理的票据来报销，这样既容易造成票据的丢失，又影响会计人员的正常工作。所以，在将原始凭证入账以前需要对它们进行粘贴处理，以方便保管和存放。

原始凭证粘贴的流程及细则如下：

① 粘贴流程：取粘贴单——粘贴票据——粘贴报销单。

② 取一张干净的空白纸作为粘贴单，其长宽均应小于或等于报销单。

③ 将报销票据的背面（不显示金额的一面）粘贴在粘贴单的上面，粘贴后的长宽应小于或等于报销单，否则，应将报销票据做适当折叠。

④ 在粘贴定额票据（如：车票、餐饮票据等）时，应将相同金额的票据粘贴在一起。

⑤ 票据粘贴应方向一致、金额显示清楚，单证牢固、平整、干净。

⑥ 将填写完好的报销单的背面粘贴在粘贴单的上面，其左边、上边应分别对齐。

如果票据较少，在粘贴时也可以采用以下比较简易的办法：

① 使用范围：车票及附件合计少于 10 张（或者其他票据及附件合计少于 5 张）。

② 将报销票据的正面（显示金额的一面）粘贴在报销单的背面，粘贴后的长宽应小于或等于报销单，否则，应将报销票据做适当折叠。

③ 在粘贴定额票据（如：车票、餐饮票据等）时，应将相同金额的票据粘贴在一起。

④ 票据粘贴应方向一致、金额显示清楚，单证牢固、平整、干净。

3.3 记账凭证的填制和审核

清楚了原始凭证的种类和填制方法，那么接下来的工作就是编制记账凭证，它是登记账簿的依据。那么记账凭证又有哪些内容，会计人员应该怎样对它进行正确填制和审核呢?

3.3.1 记账凭证的内容

目前所使用的会计凭证大都由印刷机构统一印制，虽然其格式各有不同，但是其具备的基本内容或要素都是一致的，这样才能满足记账的基本要求。作为记账凭证，其具备的基本内容有：记账凭证的名称、填制凭证的日期、记账凭证的编号、经济业务的内容摘要、经济业务所涉及的会计科目（包括总账和明细科目）和记账方向、金额、记账标记、所附原始凭证张数、相关人员（会计主管、记账、审核、出纳、制单人）的签名盖章。记账凭证的样式可参考本章第 3.1 节表 3-1。

3.3.2 记账凭证的种类

（1）按所反映的经济内容划分

记账凭证可分为收款凭证、付款凭证和转账凭证。

① 收款凭证，是用于记录现金和银行存款收款业务的凭证，根据有关现金和银行存款的原始凭证填制，现金日记账和银行存款日记账以此作为登账的依据。

② 付款凭证，是用来记录现金和银行存款付款业务的凭证。

③ 转账凭证，是用来记录不涉及现金和银行存款收付业务的会计凭证。

上述凭证的格式读者将会在本节“记账凭证的填制”中见到。

（2）按照填列方式划分

记账凭证可分为复式记账凭证、单式记账凭证和汇总记账凭证。单式记账凭证的使用范围较小，在会计工作中常用的是复式记账凭证和汇总记账凭证。

① 复式记账凭证：读者可以与前面所讲的复式记账联系起来，将每一笔经济业务所涉及的全部科目、发生额都在同一张记账凭证中反映，这就是复式记账凭证。这种凭证在日常工作中是使用最多的一种凭证。

② 汇总记账凭证：是将同类的若干记账凭证定期加以汇总后填制的凭证，

如按3天、5天的时间间隔对收款凭证或者付款凭证进行汇总，编制汇总收款凭证、汇总付款凭证等。

3.3.3 记账凭证的填制

那么应该按照什么样的步骤，怎样来编制记账凭证呢？收款凭证、付款凭证、转账凭证、通用凭证的编制方式有相同之处。回到深某某有限公司的经济业务中，让我们一起来了解各种凭证的编制吧。

3.3.3.1 收款凭证的编制

首先，让我们一起想一想，收款凭证是登记什么样的业务呢？对的，是记录现金或银行存款收款业务的。那么在第3.2节中，有哪些业务需要我们编制收款凭证呢？

其次，分析所发生业务除了现金（银行存款）外还涉及哪些科目，这些科目属于哪一类会计要素，业务所发生的金额是多少。

最后，弄清楚上面两个步骤的内容后，我们就可以开始填写凭证啦。收款凭证是在凭证的左上角填写“借方科目”，“借方科目”应填写现金或者银行存款；“日期”为编写凭证的日期；右上角“收字号”按顺序连续编写，比如本月已经发生了三笔收现金（银行存款）业务，那么最后一笔应填写“收字3号”；“附单据张数”是用来记录本张凭证所附原始凭证张数的；“摘要”栏是对所发生的经济业务的简要说明；“贷方科目”填写与现金或银行存款相对应的会计科目；“记账”是进行登账时标记用的，为了避免业务的重记或漏记；“金额”用于记录业务的发生额，注意大小写的一致；最后就是各相关人员的签章。

大家对收款凭证的编制了解了吗？那么，让我们一起来做吧。

【例3-10】承【例3-7】20××年12月13日，收到仁兴公司汇入银行的11月所欠货款5000元。

（1）分析

涉及科目“应收账款”“银行存款”。

“应收账款”科目：核算企业因销售商品、产品，提供劳务等，应向购货单位或接受劳务单位收取的款项。未单独设置“预收账款”科目的企业，预收的款项也在本科目核算。资产类科目，发生应收账款时，按应收金额及代购单位垫付的包装费、运杂费等借记本科目，收回货款或代垫费用时贷记本科目。本科目期末若为借方余额，反映企业尚未收回的应收账款；期末若为贷方余额，反映企业预收的账款。

“银行存款”科目：指企业存入银行或其他金融机构的各种款项。属于资产类科目，增加时记借方，减少时记贷方，期末余额在借方。银行存款的收付应严格执行银行结算制度的规定。

（2）账务处理

借：银行存款——建设银行　　5000

　　贷：应收账款——仁兴公司　　5000

记账凭证如表 3-9。

表 3-9　记账凭证（1）

收款凭证

20×× 年 12 月 13 日　　　　收字 1 号

借方科目：银行存款　　　　附单据 1 张

摘要	贷方科目		金额	记账
	一级科目	明细科目		
收到仁兴公司 11 月货款	应收账款	仁兴公司	5,000.00	
合计（大写）	伍仟元整		￥5,000.00	

会计主管：何某　　记账：周某　　审核：伍某　　出纳：郭某　　制单：李某

3.3.3.2　付款凭证的编制

付款凭证同收款凭证类似，只是注意，如果某一项业务同时涉及“现金”和“银行存款”，为了避免重复记账，只编制付款凭证，不再编制收款凭证。比如，企业从银行提取现金，只编写银行存款的付款凭证，如果是现金存入银行，则只编写现金的付款凭证。

我们也同样按这个步骤进行。

第一，找到相关的原始凭证；

第二，分析经济业务所涉及的科目、金额等；

第三，编制凭证。

【例 3-11】承【例 3-2】20×× 年 12 月 10 日，深某某有限公司转账支付上月欠新佳乐公司的原料款 11700 元。

（1）分析

业务涉及科目“应付账款”“银行存款”。

“应付账款”科目：核算企业因购买材料、商品和接受劳务供应等而应付给供应单位的款项，反映企业应付账款的发生、偿还、转销等情况。属负债类科目，贷方登记购买材料、商品或接受劳务供应时发生的款项，借方登记偿还的应付款项、与开出商业汇票抵付的款项或者无法支付转销的金额，余额一般在贷方，表示企业尚未支付的账款余额。

（2）账务处理

借：应付账款——新佳乐企业　　11700

　　贷：银行存款——建设银行　　　　11700

记账凭证见表 3-10。

表 3-10　记账凭证（2）

付款凭证

20×× 年 12 月 10 日　　　　付字 3 号

贷方科目：银行存款（建设银行）　　　　附单据 2 张

摘要	借方科目		金额	记账
	一级科目	明细科目		
支付新佳乐 11 月货款	应付账款	新佳乐企业	11,700.00	
合计（大写）	壹万壹仟柒佰元整		¥11,700.00	

会计主管：何某　　记账：周某　　审核：伍某　　出纳：郭某　　制单：李某

【例 3-12】承【例3-3】20××年12月1日，营销部孙某借出差费用1000元，写借款单一张。

（1）分析

业务涉及科目“库存现金”“其他应收款”。

“其他应收款”科目：核算企业除应收票据、应收账款、应收股息以外的其他各种应收、暂付款项，包括不设置“备用金”科目的企业拨出的备用金，应收的各种赔款、罚款，应向职工收取的各种垫付款等。资产类科目，发生应收款项时，借记本科目，收回款项时，贷记本科目，期末借方余额反映企业尚未收回的其他应收款。

“库存现金”科目：核算企业的库存现金，总括反映企业库存现金的收入、支出和结存的情况。属于资产类科目，借方登记库存现金的增加，贷方登记库存现金的减少，期末余额在借方，反映实际存余的库存现金金额。

（2）账务处理

借：其他应收款——孙某　　1000

　　贷：库存现金　　　　1000

记账凭证见表3-11。

表3-11　记账凭证（3）

付款凭证

20×× 年12月1日　　　　付字1号

贷方科目：库存现金　　　　附单据1张

摘要	借方科目		金额	记账
	一级科目	明细科目		
营销部孙某借出差费用	其他应收款	孙某	1,000.00	
合计（大写）	壹仟元整		￥1,000.00	

会计主管：何某　　记账：周某　　审核：伍某　　出纳：郭某　　制单：李某

【例3-13】承【例3-4】20×× 年12月1日，深某某有限公司签发支票向银行提取备用金3000元。

（1）分析

本业务涉及“库存现金”和“银行存款”两个科目，只编制银行付款凭证。

（2）账务处理

借：库存现金　　3000

　　贷：银行存款——建设银行　　3000

记账凭证见表3-12。

表3-12　记账凭证（4）

付款凭证

20×× 年12月1日　　　　付字2号

贷方科目：银行存款（建设银行）　　　　附单据1张

摘要	借方科目		金额	记账
	一级科目	明细科目		
提取备用金	库存现金		3,000.00	
合计（大写）	叁仟元整		￥3,000.00	

会计主管：何某　　记账：周某　　审核：伍某　　出纳：郭某　　制单：李某

【例 3-14】承【例 3-6】20×× 年 12 月 8 日，行政部小王报销购买办公用品的款项，金额 500 元，填写报销单一张。

（1）分析

业务涉及科目“管理费用”“库存现金”。

“管理费用”科目：管理费用是指企业为组织和管理生产经营活动发生的各项费用，包括企业在筹建期间内发生的开办费、董事会和行政管理部门在企业的经营管理中发生的以及应由企业统一负担的公司经费（包括行政管理部门的职工薪酬、物料消耗、低值易耗品摊销、办公费和差旅费等）、行政管理部门负担的工会经费、董事会费（包括董事会成员津贴、会议费和差旅费等）、聘请中介机构费、咨询费（含顾问费）、诉讼费、业务招待费、技术转让费、研究费用等。企业发生各项管理费用时借记本科目，期末转入“本年利润”时贷记本科目，期末结转后无余额。本科目应按管理费用的费用项目进行明细核算。

（2）账务处理

借：管理费用——办公费　500

　　贷：库存现金　　　　　500

记账凭证见表 3-13。

表 3-13　记账凭证（5）

付款凭证

20×× 年 12 月 8 日　　　　　　付字 4 号

贷方科目：库存现金　　　　附单据 1 张

摘要	借方科目		金额	记账
	一级科目	明细科目		
购买办公用品	管理费用	办公费	500.00	
合计（大写）	伍佰元整		¥500.00	

会计主管：何某　　记账：周某　　审核：伍某　　出纳：郭某　　制单：李某

3.3.3.3　转账凭证的编制

转账凭证和通用凭证的填制与收付款凭证的编制类似，只需要将业务所涉及的全部会计科目按先借后贷的顺序记入“会计科目”栏中，并对应地将借方科目的金额记入“借方金额”、贷方科目的金额记入“贷方科目”，其他均与收付款凭证填制方法相同。

同样，我们按照“一查找、二分析、三填制”的步骤来进行。

【例 3-15】承【例 3-1】20×× 年 12 月 2 日，深某某有限公司购买图丰厂原材料弹簧一批，已经验收入库，货款 20000 元及增值税金 2600 元暂未支付。

（1）分析

涉及科目“原材料”“应交税费”“应付账款”。

“原材料”科目：核算库存各种材料的收发与结存情况。在原材料按实际成本核算时，借方登记入库材料的实际成本，贷方登记发出材料的实际成本，期末余额在借方，反映企业库存材料的实际成本。

“应交税费”科目：反映各种税费的交纳情况，并按照应交税费项目进行明细核算。其核算的税费包括：增值税、消费税、企业所得税、城市维护建设税、资源税、土地增值税、房产税、车船税、城镇土地使用税、教育费附加、环境保护税等。贷方反映应交纳的各种税费，借方登记实际交纳的税费，期末余额一般在贷方，反映企业尚未交纳的各种税费，如果在借方，则是企业多交或尚未抵扣的税费。

（2）账务处理

借：原材料——弹簧　20000

　　应交税费——应交增值税（进项税额）　2600

　　贷：应付账款——图丰厂　22600

记账凭证见表 3-14。

表 3-14　记账凭证（6）

转账凭证

20×× 年 12 月 2 日　　凭证号 1

单位名称：深某某有限公司　　附单据 2 张

摘要	会计科目		借方金额	贷方金额	记账
	一级科目	明细科目			
购买图丰厂弹簧一批	原材料	弹簧	20,000.00		
进项税额	应交税费	应交增值税（进项税额）	2,600.00		
应付未付款	应付账款	图丰厂		22,600.00	
合计（大写）	贰万贰仟陆佰元整		22,600.00	22,600.00	

会计主管：何某　　记账：周某　　审核：伍某　　出纳：郭某　　制单：李某

【例 3-16】承【例 3-5】20×× 年 12 月 10 日，深某某有限公司生产车间本月上旬领用弹簧共 980kg，金额合计 4900 元，开具限额领料单一张。

（1）分析

涉及科目“生产成本”“原材料”。

“生产成本”科目：核算企业进行工业性生产的各项生产成本，包括各种产品（产成品、半成品等）、自制材料、自制工具、自制设备等。可按“基本生产成本”和“辅助生产成本”明细科目进行核算。企业发生各项生产费用时，借记本科目；月度终了，完成生产并验收入库时，贷记本科目；期末借方余额，反映企业尚未加工完成的在产品成本。

（2）账务处理

借：生产成本——基本生产成本（直接材料） 4900

贷：原材料——弹簧 4900

记账凭证见表 3-15。

表 3-15 记账凭证（7）

转账凭证

20×× 年 12 月 10 日 凭证号 2

单位名称：深某某有限公司 附单据 1 张

摘要	会计科目		借方金额	贷方金额	记账
	一级科目	明细科目			
生产领用原材料	生产成本	基本生产成本（直接材料）	4,900.00		
生产领用原材料	原材料	弹簧		4,900.00	
合计（大写）	肆仟玖佰元整		4,900.00	4,900.00	

会计主管：何某 记账：周某 审核：伍某 出纳：郭某 制单：李某

【例 3-17】承【例 3-8】20×× 年 12 月 10 日，深某某有限公司本月应付工资总额 100000 元，工资费用分配如下：产品生产人员 50000 元，车间管理人员 10000 元，行政管理人员 20000 元，销售人员 20000 元。当日以银行存款发放至工人工资卡中。

（1）分析

科目涉及“生产成本”“制造费用”“管理费用”“销售费用”“应付职工薪酬”。

“应付职工薪酬”科目：核算企业应付职工薪酬的提取、结算、使用等情况。分配计入各有关成本费用项目时贷记本科目，实际发放职工薪酬时借记本科目，期末贷方余额，反映企业应付未付的职工薪酬。

“销售费用”科目：核算企业在销售商品和材料、提供劳务过程中发生的各项费用，包括包装费、保险费、展览费和广告费，以及为销售本企业商品而专设的销售机构的职工薪酬、业务费、折旧费、固定资产修理费等。企业通过“销售费用”科目，核算销售费用的发生和结转情况。发生各项销售费用时借记本科目，贷方登记期末结转至“本年利润”科目的销售费用，结转后本科目期末无余额。本科目应按销售费用的费用项目进行明细核算。

“制造费用”科目：核算企业生产车间（部门）为生产产品和提供劳务而发生的各项间接费用，包括工资和福利费、折旧费、水电费、机物料消耗、季节性的停工损失等。企业发生各项制造费用时借记本科目，企业按成本核算办法分配计入有关成本核算对象时，贷记本科目，除季节性的生产性企业外，本科目期末无余额。

（2）账务处理

借：生产成本——基本生产成本（直接人工） 50000
　　制造费用——工资 10000
　　管理费用——工资 20000
　　销售费用——工资 20000
　　贷：应付职工薪酬——工资 100000

记账凭证见表 3-16。

表 3-16　记账凭证（8）

转账凭证

20×× 年 12 月 10 日　　凭证号 3

单位名称：深某某有限公司　　附单据 1 张

摘要	会计科目		借方金额	贷方金额	记账
	一级科目	明细科目			
本月应付职工工资	生产成本	基本生产成本（直接人工）	50,000.00		
本月应付职工工资	制造费用	工资	10,000.00		
本月应付职工工资	管理费用	工资	20,000.00		
本月应付职工工资	销售费用	工资	20,000.00		
本月应付职工工资	应付职工薪酬	工资		100,000.00	
合计（大写）	壹拾万元整		100,000.00	100,000.00	

会计主管：何某　　记账：周某　　审核：伍某　　出纳：郭某　　制单：李某

【例 3-18】承【例 3-9】20×× 年 12 月 7 日，深某某有限公司购入海力设备厂一台不需要安装的机器设备，价款 50000 元，税款 6500 元，款项暂未支付。

（1）分析

涉及科目“固定资产”“应交税费”“应付账款”。

“固定资产”科目：固定资产是指企业为生产产品、提供劳务、出租或经营管理而持有的，且使用寿命超过一个会计年度的有形资产。该科目用于核算企业的固定资产原价。购入或增加时借记本科目，减少时贷记本科目，期末余额在借方，反映企业期末固定资产的账面原价。

（2）账务处理

借：固定资产　　　　　　　　　　　　　　50000

　　应交税费——应交增值税（进项税额）　6500

　　贷：应付账款——海力设备厂　　　　　　56500

记账凭证见表3-17。

表3-17　记账凭证（9）

转账凭证

20×× 年 12 月 7 日　　　　　　凭证号 4

单位名称：深某某有限公司　　　附单据 2 张

摘要	会计科目		借方金额	贷方金额	记账
	一级科目	明细科目			
购买机器设备	固定资产		50,000.00		
进项税额	应交税费	应交增值税（进项税额）	6,500.00		
应付未付设备款	应付账款	海力设备厂		56,500.00	
合计（大写）	伍万陆仟伍佰元整		56,500.00	56,500.00	

会计主管：何某　　记账：周某　　审核：伍某　　出纳：郭某　　制单：李某

熟练编制记账凭证是会计人员的基本功与核心能力，唯有精通各会计科目的使用范围与应用方法，在处理日常经济业务的凭证编制时，方能得心应手、水到渠成。

3.3.4　记账凭证的审核

同原始凭证一样，为了保证会计信息的质量，记账凭证编制好后在登记账簿前应由稽核人员审核，审核内容如下所示：

① 凭证项目是否齐全：如日期、凭证号、所附单据张数、摘要、科目、金额及人员签名等。

② 内容的真实性审核：是否有原始凭证作为依据，原始凭证和记账凭证

的内容是否一致，金额是否一致，如果有记账凭证汇总表的，其所记录的内容与其所依据的记账凭证内容、金额是否一致。

③ 凭证中的会计科目使用是否正确、二级或明细科目是否齐全、账户对应关系是否清晰、金额有无错误等。

④ 凭证中的书写是否正确：金额大小写是否书写正确，会计记录是否文字工整、数字清晰等。

在审核中如果发现记账凭证存在错误，应找明原因后进行重填或者按规定的方法进行更正，经审核无误后的记账凭证方可作为记账的依据。

3.4 会计凭证的传递、装订和保管

企业的业务每天都在发生，每天都有新的凭证产生，日积月累，凭证的数量是相当可观的。如果要对以往的业务进行查找，好比大海捞针。接下来，本书将揭秘会计人员的妙招，看看他们是如何面对和处理这些堆积如山的凭证的。

3.4.1 会计凭证的传递

会计凭证从取得到归档这一过程，被称为会计凭证的传递过程，会计凭证是在单位内部有关部门和人员之间进行传送。正确有序的传递是会计正常核算、有效进行的前提。

对于会计凭证的传递，每个企业都有不同的规定，它与企业本身的生产组织特点、经济业务的内容和管理要求相关，各个企业应根据自身的具体情况制定每一种凭证的传递程序和方法。

比如，深某某有限公司经营业务中会涉及采购、生产、销售以及日常费用的发生等业务，那么对于采购中的收料单的传递应规定：材料由供应商送交企业多久后验收入库，谁负责验收，验收要填写什么凭证，这些凭证应该何时给会计部门，会计部门又应该由谁负责审核，谁负责编制凭证、登账、归档，等等。同样，生产中发生的如领料、入库等业务凭证又该如何传递？企业制定会计凭证的传递程序，应以满足内部控制要求为根本出发，设计一条既能保障科学有效，又能最大限度减少流转时间与传递量的途径。

3.4.2 会计凭证的装订

会计凭证装订是会计工作的基本功，它通过细致的体力与巧思，使凭证在美观整洁的同时，更易于日后查询。根据以下步骤，你也能做到。

（1）装订前的整理

① 对零散的凭证进行分类（收款、付款和转账凭证分别装订）、排序。对于原始凭证和记账凭证大小不一的情况采取“大折小粘”的办法：原始凭证面积大于记账凭证的，采取折叠的办法，注意把凭证的左上角或左侧面留出来，以便装订后展开查阅；对于原始凭证过小的，可以按顺序和类别用胶水粘在同记账凭证大小相等的白纸上再进行装订；对于原始凭证较多的情况，可以将原始凭证单独装订，但应在凭证封面注明所属记账凭证的日期、编号和种类，同时在所属记账凭证上注明“附件另订”及原始凭证的名称和编号等字样。

② 按凭证汇总日期进行归集，根据所有凭证的总数来确定装订成册的本数，可以按月份的上、中、下旬归集，也可按每一册凭证的大概厚度（一般为1.5厘米）归集。

（2）装订

常见的方式有“三针引线法”和“角钉法”，在此对最常用的“角钉法”进行简述。

① 将凭证封面和封底裁开，保持与记账凭证大小一致或略大于记账凭证的面积，分别附在凭证的前后两面，取一张与记账凭证同宽、长度约为记账凭证三分之一（或根据实际情况调整）的封皮纸条，放在封面左上角，用来做护角线。

② 在凭证的左上角画一个边长为4 ~ 5厘米的等腰三角形，在两个底角处用装订机打两个大小均匀的小孔。

③ 将棉线用大针穿引过线孔，来回多次，将凭证角绑紧，固定好后将线结打在凭证背面或者钻孔处。

④ 将护角向左上角折叠，并将护角一侧剪开至凭证左上角顶点处，然后分别将护角两边抹上胶水，之后将侧面及背面的线绳遮住粘牢。

⑤ 填写凭证封面，并经各相关人员签名盖章。

装订凭证的流程如图3-2所示。

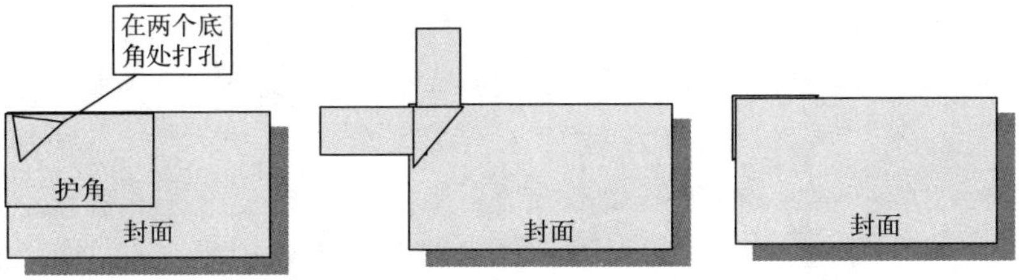

(a) 第一步：打孔、穿线　(b) 第二步：剪、折护角　(c) 第三步：粘护角

图3-2　装订凭证的流程

凭证封面的格式如图3-3所示。

深某某有限公司

20××年11月第02册	收款 付款 转账	20××年11月共伍册，第贰册 凭证第35号至第70号，共36张 附：原始凭证共88张
	会计主管：何某	保管：李某

图 3-3　凭证封面的格式

3.4.3　会计凭证的保管

会计凭证装订成册后，应交由专门的人员保管。出纳人员不得兼管会计档案。会计年度终了时，会计凭证可暂由会计机构保管一年，期满后移交本企业档案机构保管，未设立档案机构的，应在会计机构内部指定专人保管。

已归档凭证的查阅、调用与复制，一律须经批准，并按规定履行手续。原始凭证不得外借，其他单位如有特殊原因确需使用的，可以经本单位会计机构负责人批准后复制。

会计凭证的保管期限一般是 30 年，重要的需另行长期保存，期满前不得任意销毁。

3.5　小结

“千里之行，始于足下”，会计凭证的编制便是这“足下之始”。它是会计知识最直接的应用，将所学理论付诸实践，而扎实的专业功底，正是确保每一步都稳健有力的根基所在。

“小票据、大秘密”，编制凭证不只是书写数据，在凭证的编制过程中，你会发现从采购材料到销售出库，企业的方方面面都可以在从这些凭证中体现出来。认真、踏实地对待凭证编制这项工作，你会比别人更快地掌握企业整体经营的内在规律，这也将成为你向前迈进的强有力推手。

在进行凭证的编制时，摘要应尽可能填写详细，这样，在查账工作中只需通过凭证的记账摘要就能对所记录的经济业务一目了然，节省时间，提高工作效率。对于进行电算化账务处理的企业来说，详尽的摘要也利于会计人员进行账务的查找。

第4章 手到擒来
——账簿的登记

完成凭证编制后，会计工作便自然过渡到下一个关键环节——账簿登记。

4.1 会计账簿的登记

会计账簿的登记是指会计人员以审核无误的会计凭证为依据，将凭证上分散记录的业务信息连续、系统、完整地记录在账簿上的专门的会计方法。

4.1.1 会计账簿的意义

我们也提到过，会计账簿就好比是连通会计凭证和会计报表的桥梁，它是编制会计报表的基础，账簿的设置和登记在会计核算中具有重要的意义。

① 账簿是会计信息的载体。账簿的设置和登记，能将会计凭证所记录的经济业务逐一记入账簿，对会计信息进行记载和储存，对会计主体即企业一定时期的各项资金运动能有一个全面的反映。

② 账簿是由一系列互相关联的账户构成，是对会计信息进行系统地归集、分类与汇总的基石。通过账簿记录，经济业务得以分门别类地呈现，从而提供特定时期内经济活动的详细明细；同时，又可以通过账簿所记录的发生额、余额来总括企业的会计信息、财务状况和经营成果等综合数据。

③ 通过会计账簿的设置和登记，还可以对会计人员记录的会计信息进行检查和校正。比如可以通过现金日记账余额与实际库存现金余额的核对，确认资金的盘盈或盘亏，并根据实存现金数做账面的调增或调减，做到账实相符，保证所提供的会计信息的真实、准确。

④ 账簿是编制会计报表的基础，起到输出会计信息的作用。会计人员应定期进行结账工作，并对账簿之间的数据进行核对，计算发生额和余额，用来编制会计报表，反映企业一定时期的财务状况和经营成果，向企业各关联方提供信息。

会计账簿由很多账页组成，而账户则是在账页上体现的。我们可以把一个账户想象成一个内容详细的“丁”字账，账簿就是将若干个丁字账户集中在一起，分类序时地进行经济业务的记载。

4.1.2 账簿登记的要求

一般而言，总账可以根据相应的账务处理程序每日或者每几日定期登记，选择科目汇总表账务处理程序的也可以于每月编制科目汇总表后进行登记。

明细账也一样，但是对于“应收、应付、存货、固定资产”等债权债务，财产物资明细账应该每天登记并结出余额，方便随时与对方单位结算。库存现金和银行存款日记账应该每日登记并结出余额，贯彻“日清月结”的原则。

会计账簿的登记应符合以下要求：

① 账簿的登记要准确、完整：登记账簿时，要将会计凭证日期、凭证号、业务内容摘要、金额和其他有关资料逐项无误地登记到账簿内。一方面记到有关的总账上，另一方面在总账所属的明细账中也要对应登记。对登记过后的凭证，应在凭证上签名或盖章，并注明对账符号“√”，避免重复记账、漏记账。

② 账簿的登记要规范、书写要整洁：在账簿中进行摘要或者数字的登记时，不要写满格，应该留有适当的空格（大概格距的二分之一）。书写时应用蓝黑色或黑色墨水笔，不得使用圆珠笔、铅笔等，不得刮、擦、挖、补或用涂改液等进行更改。除更正错账或登记冲销账簿记录，以及在不设借贷等栏的多栏式账页中登记减少数可使用红色墨水笔外，其他情况一律不得用红笔登账。

③ 账簿登记要连续：记账时必须按照账户页次逐页逐行进行登记，不得隔页、跳行，如果不小心出现这种情况，不得撕毁账页，应在空白行或页中用红色墨水画对角线注销，或者盖上“此页空白”“此行空白”字样，并由记账人员签名或盖章。在每一页登记完毕时要在摘要栏内注明“转次页”字样，而在次页的摘要栏内注明“承前页”字样。期末应将各账户结出余额，并在“借或贷”栏内注明余额方向，没有余额的写“平”字。期末结账后，在结账栏下一行画红线。

我们对会计账簿的种类、格式和登账的要求已经有了初步了解，现在开始学习各种账簿的登记。

4.1.3 日记账的登记

企业中的日记账有现金日记账和银行存款日记账。它是根据经济业务发生或完成的时间先后顺序逐笔进行登记的账簿。

（1）现金日记账的登记

现金日记账是为了核算和监督库存现金每天的收入、支出和结存情况而设置的。由出纳人员根据库存现金的收、付款凭证，逐日逐笔按顺序登记。

①“日期”栏：填写经济业务发生的具体日期，即凭证的编制日期。

②“凭证字、号”栏：填写登记日记账所依据的凭证的字和号，如“收字几号”等。

③“摘要”栏：填写所记录经济业务的简要内容，即凭证上所记录的摘要。

④“对方科目”栏：填写与现金账户发生对应关系的一级科目的名称。

⑤“借方（收入）”栏金额根据现金收款凭证和与现金有关的银行存款付款凭证进行登记；“贷方”根据现金付款凭证进行登记，“余额”栏的金额等于“上日余额 + 本日收入金额 - 本日支出金额”。

⑥“借或贷”栏：库存现金科目的余额都在借方。

在日常工作中，一般采用三栏式或多栏式现金日记账。

以深某某有限公司为例，延续前一章的业务，将深某某有限公司涉及现金的经济业务逐笔登记入账，具体经济业务详见第 3 章，登记现金日记账如表 4-1 所示。

表 4-1　现金日记账

现　金　日　记　账

第 20 页

20××年		凭证		摘要	对方科目	收入								支出								借或贷	结余								√
月	日	字	号			十	万	千	百	十	元	角	分	十	万	千	百	十	元	角	分		十	万	千	百	十	元	角	分	
11	1			承前页																		借			3	8	8	0	0	0	
11	2	收	01	收到小额货款	应收账款			1	0	0	0	0	0									借			4	8	8	0	0	0	
11	4	付	01	行政部张强报销办公用品款	管理费用												1	6	0	0	0	借			4	7	2	0	0	0	
11	6	收	02	深某某有限公司从银行提取现金	银行存款			2	0	0	0	0	0									借			6	7	2	0	0	0	
11	10	付	02	营销部人员报销差旅费	销售费用											1	0	0	0	0	0	借			5	7	2	0	0	0	
11				……	……																	借									
11				……	……																	借									
11	30			本月合计			9	3	2	9	2	0	0		9	5	6	4	0	0	0	借			1	5	3	2	0	0	
12	1	付	1	支付孙某出差借款	其他应收款											1	0	0	0	0	0	借				5	3	2	0	0	
12	1	付	2	银行提取备用金	银行存款			3	0	0	0	0	0									借			3	5	3	2	0	0	
12	8	付	4	报销办公用品款	管理费用												5	0	0	0	0	借			3	0	3	2	0	0	
				……	……																										
				……	……																										
12	31			本月合计			9	1	3	2	6	0	0		9	1	7	0	8	0	0	借			1	1	5	0	0	0	

（2）银行存款日记账的登记

银行存款日记账格式与现金日记账类似，仅多出一栏“结算凭证”，用来标明每笔业务的银行结算单编号，便于日后与银行对账。

借方根据银行存款收款凭证或库存现金付款凭证登记，贷方根据银行存款付款凭证登记，同样“本日余额 = 上日余额 + 本日收入金额 - 本日支出金额”。

深某某有限公司 12 月银行存款发生业务见第 3 章【例 3-10】【例 3-11】【例 3-13】，银行存款日记账登记如表 4-2 所示。

表 4-2　银行存款日记账

银行存款日记账

第 16 页

20××年		凭证		摘要	结算单号	对方科目	借方									贷方									借或贷	结余									√
月	日	字	号				百	十	万	千	百	十	元	角	分	百	十	万	千	百	十	元	角	分		百	十	万	千	百	十	元	角	分	
11				……																					借										
11				……																					借										
11	30			本月合计				8	6	9	2	1	2	0	0		8	6	3	2	1	2	0	0	借		5	0	1	0	0	0	0	0	
12	1	付	2	提取现金	1234567	库存现金													3	0	0	0	0	0	借		4	9	8	0	0	0	0	0	
12	10	付	3	支付上月欠新佳乐公司贷款	215672	应付账款												1	1	7	0	0	0	0	借		4	8	6	3	0	0	0	0	
12	13	收	1	收到仁兴公司 11 月贷款	132913	应收账款				5	0	0	0	0	0										借		4	9	1	3	0	0	0	0	
				……																															
				……																															
12	13			本月合计				5	9	3	3	0	0	0	0		7	4	1	1	0	0	0	0	借		3	5	3	2	0	0	0	0	

现金日记账和银行存款日记账涉及资金的安全，因此必须采用订本账，避免账页散失或抽换账页的情况出现。

4.1.4　总分类账的登记

总分类账是按总账科目（一级科目）开设的，用以登记和提供总括会计信息的账簿，它可以全面、系统、综合地反映企业所有经济活动情况和财务收支情况，也是编制会计报表所需资料的来源，每个企业都必须设置总账。

总账的格式有三栏式、多栏式，但是多数企业都采用三栏式进行登记。总账的登记方法取决于账务处理程序，根据不同的账务处理程序，可以分为三种：①根据记账凭证直接逐日逐笔登记；②根据一定时期编制的记账凭证汇总编制“汇总记账凭证”，再据以登记总账；③汇总一定时期的记账凭证编制科目汇总表进行登记。下面我们重点讲解一下第三种科目汇总表的编制以及在此账务处理方式下的总分类账的登记。

（1）科目汇总表的编制

科目汇总表核算形式是账务处理程序的一种，它是通过定期（10 天、半个月或 1 个月）编制科目汇总表，汇总计算所有会计科目“借方”和“贷方”的发生额，然后据此进行总账登记的账务处理程序。

编制科目汇总表时，应将汇总期内各经济业务所涉及的总账科目名称填列在科目汇总表内，然后以“丁”字账为“科目汇总表工作底稿”，将各科目借、贷方发生额进行汇总合计，填列在科目汇总表中。

同样，以深某某有限公司为例，我们将第 3 章中【例 3-10】至【例 3-18】各经济业务所涉及的会计科目分别编制“丁”字账，作为科目汇总表的工作底稿，部分科目“丁”字账见表 4-3。

表 4-3 “丁”字账

银行存款

期初余额：501,000.00	
收 1 5,000.00	付 3 11,700.00
	付 2 3,000.00
……	……
本期发生额：593,300.00	741,100.00
期末余额：353,200.00	

库存现金

期初余额：1,532.00	
付 2 3,000.00	付 1 1,000.00
	付 4 500.00
……	……
本期发生额：91,326.00	91,708.00
期末余额：1,150.00	

应付账款

	期初余额：563,833.00
付 3 11,700.00	转 1 22,600.00
	转 4 56,500.00
……	……
本期发生额：247,473.63	43,500.00
	期末余额：359,859.37

应付职工薪酬

	期初余额：100,359.98
……	转 3 100,000.00
……	……
……	……
本期发生额：100,764.55	110,150.00
	期末余额：109,745.43

生产成本

	期初余额：0.00
转 2 4,900.00	……
转 3 50,000.00	……
……	……
本期发生额：366,561.25	36,6561.25
	期末余额：0.00

制造费用

	期初余额：0.00
转 3 10,000.00	……
……	……
……	……
本期发生额：109,023.50	109,023.50
	期末余额：0.00

编制好“丁”字账后，将每个总账科目的借方发生额合计数和贷方发生额合计数，摘抄至科目汇总表对应科目的借方或贷方发生额栏中。根据借贷记账法“有借必有贷，借贷必相等”的记账规则，在编制的科目汇总表内，全部总账科目的借方发生额合计数一定要与贷方发生额合计数相等。

深某某有限公司于每月编制一张科目汇总表，其 20×× 年 12 月科目汇总表编制示例如表 4-4。

利用科目汇总表进行总账的登记，大大减少了登记总账的工作量。但是，科目汇总表是按总账科目汇总编制的，只能作为登记总账和试算平衡的依据，不便于分析和检查经济业务的来龙去脉，不便于查对账目。科目汇总表核算形式适用于经济业务量较多的经济单位。

表 4-4　科目汇总表

科目汇总表

20×× 年 12 月 31 日

编制单位：深某某有限公司　　　　汇字 1 号　　　　其中：收字 01-31 号

付字 01-72 号

转字 01-93 号

科目名称	本期借方发生额	本期贷方发生额
库存现金	91,326.00	91,708.00
银行存款	593,300.00	741,100.00
应收账款	115,660.00	135,600.00
其他应收款	57,551.71	8,204.90
原材料	138,500.00	197,632.00
库存商品	718,994.32	757,476.57
固定资产	134,389.00	0.00
累计折旧	0.00	8,041.87
应付账款	247,473.63	43,500.00
应付职工薪酬	100,764.55	110,150.00
应交税费	223,332.75	236,792.13
其他应付款	19,161.68	11,137.14
本年利润	900,251.98	455,183.21
利润分配		544,179.80
生产成本	366,561.25	366,561.25
制造费用	109,023.50	109,023.50
主营业务收入	417,308.00	417,308.00
主营业务成本	224,754.39	224,754.39
销售费用	31,752.13	31,752.13
税金及附加	3,232.00	3,232.00
管理费用	55,692.62	55,692.62
财务费用	12,000.00	12,000.00
所得税费用	28,641.04	28,641.04
其他业务收入	37,875.21	37,875.21
合计	4,627,545.76	4,627,545.76

会计主管：何某　　　　审核：伍某　　　　制表：李某

（2）总分类账的登记

在编制完科目汇总表后，接下来就是根据科目汇总表进行总分类账的登记。

①“日期”栏：填写科目汇总表的日期。

②“凭证字、号”栏：在依据科目汇总表登记的情况下，填写“科汇几号”的字样；如果是按记账凭证逐笔登记的，填写登账所依据的凭证的字号；按汇总记账凭证登记总账的，填写“汇收字几号”“汇付字几号”或“汇转字几号”。

③“摘要栏”：科目汇总表形式下，填写“汇总某月 1 至 30（31）号凭证”；记账凭证汇总表形式下，填写每一张汇总记账凭证的汇总依据，即“汇总第几号至第几号凭证”；按记账凭证逐笔登记的，填写所依据凭证的摘要内容。

④“借、贷金额”：按所依据的科目汇总表、记账凭证汇总表或者记账凭证登记各总账账户的借方或贷方发生额。

⑤“余额”栏：根据科目性质，按“期初余额 + 本期借方发生额 − 本期贷方发生额”或者“期初余额 + 本期贷方发生额 − 本期借方发生额”计算登记。

⑥“借或贷”栏：登记所记账科目的余额方向，余额在借方的写“借”字，在贷方的写“贷”字，如果期末余额为零，则写“平”字，并在余额的数字填写栏内写“0”。

总账按企业使用的全部总账账户分设在各张账页上，不同的账页登记不同账户的总分类账。因篇幅有限，笔者在此列举深某某有限公司部分总分类账的登记，示例如表 4-5、表 4-6 及表 4-7。

表 4-5　总分类账——应收账款

总分类账

会计科目及编号：应收账款　　　　　　　　　　　　　　第 12 页

20××年		凭证		摘要	借方									贷方									借或贷	余额									√
月	日	字	号		百	十	万	千	百	十	元	角	分	百	十	万	千	百	十	元	角	分		百	十	万	千	百	十	元	角	分	
……				……																			借										
……				……																			借										
11	30			本月合计		1	2	7	3	2	2	0	0		1	5	3	2	1	2	0	0	借		1	4	8	6	9	0	6	1	
12	31	科汇	1	汇总本月 1 至 31 日凭证		1	1	5	6	6	0	0	0		1	3	5	6	0	0	0	0	借		1	2	8	7	5	0	6	1	
				本月合计		1	1	5	6	6	0	0	0		1	3	5	6	0	0	0	0	借		1	2	8	7	5	0	6	1	

表 4-6　总分类账——应付职工薪酬

总分类账

会计科目及编号：应付职工薪酬　　　　第 72 页

20××年		凭证		摘要	借方									贷方									借或贷	余额									√
月	日	字	号		百	十	万	千	百	十	元	角	分	百	十	万	千	百	十	元	角	分		百	十	万	千	百	十	元	角	分	
……				……																			贷										
……				……																			贷										
11	30			本月合计		1	0	1	0	2	0	0	0		1	0	3	5	1	2	0	0	贷		1	0	0	3	5	9	9	8	
12	31	科汇	1	汇总本月 1 至 31 日凭证		1	0	0	7	6	4	5	5		1	1	0	1	5	0	0	0	贷		1	0	9	7	4	5	4	3	
				本月合计		1	0	0	7	6	4	5	5		1	1	0	1	5	0	0	0	贷		1	0	9	7	4	5	4	3	

表 4-7　总分类账——主营业务收入

总分类账

会计科目及编号：主营业务收入　　　　第 93 页

20××年		凭证		摘要	借方									贷方									借或贷	余额									√
月	日	字	号		百	十	万	千	百	十	元	角	分	百	十	万	千	百	十	元	角	分		百	十	万	千	百	十	元	角	分	
……				……																			贷										
……				……																			贷										
11	30			本月合计		4	5	3	1	2	2	0	0		4	5	3	1	2	2	0	0	平							0			
12	31	科汇	1	汇总本月 1 至 31 日凭证		4	1	7	3	0	8	0	0		4	1	7	3	0	8	0	0	平							0			
				本月合计		4	1	7	3	0	8	0	0		4	1	7	3	0	8	0	0	平							0			

不管采用哪一种方法进行总分类账的登记，都必须把登记当月所发生的经济业务全部登记入总账，于月份终了时结算出各账户的本期借方、贷方发生额和期末余额，并与登记完毕的各所属明细账余额进行核对，账账一致后，将总账数据作为编制会计报表的主要依据。

4.1.5　明细账的登记

明细分类账是总分类账的明细记录，它是按照二级账户或明细账户开设账页，分类、连续地登记经济业务以提供明细核算资料的账簿。

在日常工作中，明细账的登记可根据管理需要进行，如固定资产、债权、债务等明细账应根据记账凭证逐日逐笔登记，库存商品、原材料收发明细账可根据原始凭证（出入库单证等）逐笔登记，也可以按一定日期将原始凭证汇总登记，对于已经设置了日记账的银行存款和库存现金，通常也需设置明细账。

明细账的格式可以分为三栏式、多栏式、数量金额式和横线登记式，其各栏目的填制方法与总分类账的填制基本类似。但每种格式适应的明细分类账有所不同，下面我们将一一进行了解。

（1）三栏式明细分类账的登记

三栏式明细账设借、贷、余三个栏目，一般适用于只进行金额核算的账户。比如应收账款、应付账款，其他应收款、其他应付款等往来结算账户。

以深某某有限公司 12 月发生的“其他应收款”经济业务为例，登记明细分类账见表 4-8。

表 4-8　明细分类账——其他应收款

其他应收款

会计科目及编号：伍某　　　　第 25 页

20××年		凭证		摘要	借方									贷方									借或贷	余额									√
月	日	字	号		百	十	万	千	百	十	元	角	分	百	十	万	千	百	十	元	角	分		百	十	万	千	百	十	元	角	分	
……				……																			借										
……				……																			借										
11	30			本月合计			1	3	1	2	2	0	0			1	3	1	2	2	0	0	借			1	0	4	4	8	3	9	
12	31	付	1	营销部孙某借出差费用				1	0	0	0	0	0										借			1	1	4	4	8	3	9	
				……																													
				……																													
				本月合计			5	7	5	5	1	7	1				8	2	0	4	9	0	借			5	9	7	9	5	2	0	

（2）多栏式明细账的登记

多栏式明细分类账，是将属于同一个总账科目的各个明细科目合并在一张账页上进行登记，将借方或贷方栏按明细科目分设成若干专栏，适用于成本费用类科目的明细核算。

（3）数量金额式明细账的登记

数量金额式明细账是将数量（重量）、单价与金额同时显示在账页上的账簿，它一般适用于既要进行金额核算又要进行数量核算的账户，比如：原材料、库存商品等存货类账户。

以深某某有限公司 12 月“原材料”明细账为例，见表 4-9。

表 4-9 数量金额式明细账——原材料明细账

原材料明细分类账

类别：材料　　　　　　　　材料编号：THO01

品名或规格：弹簧　　　　　储备定额：5000kg

存放地点：原料仓　　　　　计量单位：kg

第 21 页

20××年		凭证		摘要	收入															发出															结存															√
					数量	单价						金额								数量	单价						金额								数量	单价						金额								
月	日	字	号			千	百	十	元	角	分	十	万	千	百	十	元	角	分		千	百	十	元	角	分	十	万	千	百	十	元	角	分		千	百	十	元	角	分	十	万	千	百	十	元	角	分	
11	30			本月合计	7600				5	0	0		3	0	0	0	0	0	0	6840				5	0	0		3	4	2	0	0	0	0	5300				5	0	0		2	6	5	0	0	0	0	
12	2	转	01	购买图丰厂弹簧一批	4000				5	0	0		2	0	0	0	0	0	0																9300				5	0	0		4	6	5	0	0	0	0	
12	10	转	02	生产领用弹簧																980				5	0	0			4	9	0	0	0	0	8320				5	0	0		4	1	6	0	0	0	0	
				……																																														
				……																																														
				本月合计	6500				5	0	0		3	2	5	0	0	0	0	7100				5	0	0		3	5	5	0	0	0	0	4700				5	0	0		2	3	5	0	0	0	0	

（4）横线登记式明细账的登记

横线登记式明细账是指在账页的同一横行内登记同一项经济业务从发生到结束的相关内容。横线登记式明细账将密切相关的经济业务登记在同一横行内，有利于检查每笔业务的变动及完成情况，适用于物资采购和应收、应付款项等明细账的核算。

以深某某有限公司 12 月发生的“其他应收款”经济业务为例，登记明细账见表 4-10。

表 4-10　横线登记式明细账——其他应收款明细账

横线登记式账簿

科目　其他应收款—孙某　　　　第 1 页

20××年		凭证号	摘要	借方										年		凭证号	贷方										借或贷	余额									
月	日			千	百	十	万	千	百	十	元	角	分	月	日		千	百	十	万	千	百	十	元	角	分		千	百	十	万	千	百	十	元	角	分
12	1	付字1号	营销部孙某借出差费用					1	0	0	0	0	0														借					1	0	0	0	0	0
			本月合计					1	0	0	0	0	0														借					1	0	0	0	0	0

明细账与总分类账之间是统驭与补充的关系，在进行一项经济业务的账簿登记时，我们既要在有关的总分类账户中进行总括登记，又要在其所属的有关明细账户中进行登记，即总账与明细账的平行登记。

4.1.6　会计账簿的装订

在每一个会计年度结束并进行年度结账后，应将各类账簿（除开跨年使用的账簿）整理装订，进行立册。

① 装订前的整理：应将各账簿中所登记的账户与该账簿首页“账簿启用表”中的账户目录进行核对，查看账页数是否齐全、账页序号是否连续。对于活页式的账簿，保留已使用过的账页，去掉空白页和账夹。

② 进行装订：将各会计账簿按账簿封面—账簿启用表（有账户目录的附账户目录）—按顺序排列整齐的账页—账簿封底的顺序装订，不同格式的账册（如多栏式活页账、三栏式活页账及数量金额式活页账等）不得进行混装，应按同类业务、同类格式、同样保管期限整理装订的原则进行。

③ 装订后的要求：在装订好的账簿封面上填写好账目的类别，编好卷号，并填写好装订人员、会计主管等相关人员的签章；装订好的会计账簿应保持牢固、平整、齐全，封口要严密，并在封口处加盖有关印章。

4.2 对账和结账

在对上述所有账簿登记完毕后，是不是就完成了编制报表前的所有工作？答案是否定的。会计是一项严谨的工作，为了避免会计工作中出现记账差错或计算差错等现象，也为了确保账簿所提供会计资料的正确、真实和可靠，会计人员在登记账簿时除了要认真细致外，在将有关经济业务入账后，还必须定期做好对账工作。

4.2.1 对账

对账可以在日常进行，也可以定期进行。

对账的工作流程可以分为三步，如图 4-1 所示。

图 4-1　对账流程

4.2.1.1　账证核对

账簿登记的依据是经审核之后的会计凭证，账证核对检查的是登记账簿过程中发生的错误。记账完毕后，应将各种账簿的记录和所依据的会计凭证进行核对，审核的内容包括账簿记录与原始凭证、记账凭证的时间、凭证字号、摘要内容、金额是否一致，记账方向是否相符。

账证核对的工作可以在日常编制凭证和记账过程中进行，但是如果月末发现账证不符，必须重新进行账证的核对，这种情况下的账证不符，大多是在进行试算平衡时发现的。

4.2.1.2　账账核对

总账与各明细账之间是存在衔接依存关系的，账账核对就是在账证核对的基础上，利用各账簿之间的衔接（勾稽）关系，对各账簿之间的各指标进行核对，核查记账工作的正确与否。

账簿之间的核对可以分为以下几种。

（1）总分类账记录的检查

总分类账的核对可以采用编制“试算平衡表”（也叫作“总分类账户本期发生额和余额对照表”）的方法进行，它是按照“资产 = 负债 + 所有者权益”的会计等式和“有借必有贷，借贷必相等”的记账规律来核查总分类账各账簿之间的平衡关系，以发现总账登记是否正确的方法。

试算平衡表的格式与科目汇总表类似，但试算平衡表是根据已经登记好的总账编制的，并且除了本期借、贷发生额还需要设置“期初余额”和“期末余额”栏。深某某有限公司 20×× 年 12 月试算平衡表编制如表 4-11 所示。

表 4-11　试算平衡表

总分类账户本期发生额和余额对照表

（试算平衡表）

20×× 年 12 月

编制单位：深某某有限公司

科目名称	期初余额		本期发生额		期末余额	
	借方	贷方	借方	贷方	借方	贷方
库存现金	1,532.00	0.00	91,326.00	91,708.00	1,150.00	
银行存款	501,000.00	0.00	593,300.00	741,100.00	353,200.00	
应收账款	148,690.61	0.00	115,660.00	135,600.00	128,750.61	
坏账准备	0.00	0.00	0.00	0.00	0.00	
其他应收款	10,448.39	0.00	57,551.71	8,204.90	59,795.20	
原材料	230,195.00	0.00	138,500.00	197,632.00	171,063.00	
库存商品	531,769.59	0.00	538,160.70	585,877.12	484,053.17	
固定资产	649,700.00	0.00	134,389.00	0.00	784,089.00	
在建工程	0.00	0.00	0.00	0.00	0.00	
累计折旧	0.00	234,219.51	0.00	8,041.87		242,261.38
短期借款	0.00	200,000.00	0.00	0.00		200,000.00
应付账款	0.00	563,833.00	247,473.63	43,500.00		359,859.37
应付票据	0.00	0.00	0.00	0.00		0.00
应付职工薪酬	0.00	100,359.98	100,764.55	110,150.00		109,745.43
应交税费	0.00	12,730.00	223,332.75	236,792.13		26,189.38
其他应付款	0.00	17,124.33	19,161.68	11,137.14		9,099.79
实收资本	0.00	500,000.00	0.00	0.00		500,000.00
本年利润	0.00	312,935.77	768,118.98	455,183.21		0.00
利润分配	0.00	132,133.00	480,733.62	883,546.25		534,945.63
生产成本	0.00	0.00	366,561.25	366,561.25	0.00	
制造费用	0.00	0.00	109,023.50	109,023.50	0.00	
主营业务收入	0.00	0.00	417,308.00	417,308.00		0.00
主营业务成本	0.00	0.00	224,754.39	224,754.39	0.00	
销售费用	0.00	0.00	31,752.13	31,752.13	0.00	
税金及附加	0.00	0.00	3,232.00	3,232.00	0.00	
管理费用	0.00	0.00	55,692.62	55,692.62	0.00	
财务费用	0.00	0.00	12,000.00	12,000.00	0.00	
营业外支出	0.00	0.00	0.00	0.00	0.00	
营业外收入	0.00	0.00	0.00	0.00		0.00
所得税费用	0.00	0.00	76,651.25	76,651.25	0.00	
其他业务收入	0.00	0.00	0.00	0.00		0.00
其他业务支出	0.00	0.00	0.00	0.00	0.00	
合计	2,073,335.59	2,073,335.59	4,805,447.76	4,805,447.76	1,982,100.98	1,982,100.98

会计主管：何某　　　　审核：伍某　　　　制表：周某

在试算平衡表中，如果“期初余额”“本期发生额”“期末余额”各栏的借贷合计数相等，说明总分类账的登记基本正确，如果不相等，则证明登记有误，需要做进一步的核查及更正。

（2）总分类账与所属明细分类账户的核对

是指将总分类账各所属明细科目的期末余额之和与总分类账的期末余额进行核对，相符则表示登账基本正确，不相符则查找差错原因进行更正。

以深某某有限公司“应付账款”科目为例，总账科目期末余额为359,859.37 元，其所属各明细科目余额如图 4-2 所示。

将各明细科目余额进行汇总，其总额必然等于“应付账款”总账科目余额。

图 4-2　明细科目余额

（3）总分类账簿与日记账的核对

即库存现金和银行存款总账的期末金额是否与现金日记账和银行存款日记账期末余额相符。

（4）各明细账簿之间的核对

比如会计部门的库存商品明细账与保管部门成品仓库的明细账簿进行核对、会计部门的原材料明细账与原料仓库的明细账核对、会计部门的固定资产明细账与固定资产使用部门的明细账进行核对等。可以采取由财产物资保管或使用部门定期编制“收发结存汇总表”并递交至会计部门进行核对的方法。

4.2.1.3　账实核对

账实核对也就是会计日常工作中所进行的财产清查，是通过对企业的各项财产如货币资金、各种往来款项、财产物资等进行账面数和实有数之间的核对，确保账实相符的一种方法。

在企业的日常生产经营中，很多因素可能导致企业财产物资的账实不符：物资保管过程中的自然损耗、财产收发过程中的计量差错、会计人员工作失误、管理不善、物资丢失被盗等。为了确保会计信息的真实可靠，发挥会计核算应有的作用，必须定期对财产进行清查，提高会计信息质量。

账实核对可以分为全面清查和局部清查、定期清查和不定期清查。主要是针对以下内容进行账面和实物之间的核对。

① 现金日记账账面余额和库存现金数额的核对。由出纳人员和有关人员每日或每周定期盘点，并编制“现金盘点报告表”，格式如表 4-12 所示。

表 4-12　现金盘点报告表

现金盘点报告表

单位名称：深某某有限公司　　　　20×× 年 12 月 11 日

实存数			账存数 / 元	对比结果		备注
币值 / 元	数量 / 张	金额 / 元		盘盈	盘亏	
100	42	4,200.00	4,397.60	0.00	0.00	
50	0	0.00				
20	2	40.00				
10	4	40.00				
5	4	20.00				
1	97	97.00				
0.5	1	0.50				
0.1	1	0.10				
合计		4,397.60				

会计主管：何某　　　　审核：伍某　　　　制表：郭某

② 银行存款日记账账面余额和银行对账单余额核对。将本单位银行存款日记账同银行对账单余额逐日逐笔核对，如两者不一致，应编制“银行存款余额调节表”，其格式如表 4-13 所示。

表 4-13　银行存款余额调节表

银行存款余额调节表

单位名称：深某某有限公司　　　　20×× 年 12 月 31 日

账号：2350012351332170000

项目	金额 / 元	项目	金额 / 元
银行对账单余额	354,480.00	单位银行存款日记账余额	353,200.00
加单位已收银行未收合计金额		加银行已收单位未收合计金额	
1. 收仁兴公司 12 月货款	10,000.00	1.	
2.		2.	
减单位已付银行未付合计金额		减银行已付单位未付合计金额	
1. 付图丰厂货款	23,400.00	1. 银行自动划扣 12 月电费	12,120.00
2.		2.	
合计	341,080.00	合计	341,080.00

会计主管：何某　　　　出纳：郭某　　　　制表：李某

调节后，如果双方余额相等，一般可以认为双方记账没有差错。调节后双方余额仍然不相等时，原因有两个：要么是未达账项未全部查出，要么是一方或双方账簿记录还有差错。无论是什么原因，都要进一步查清楚并加以更正，一定要更正到调节表中双方余额相等为止。

③ 各项财产物资明细账账面余额和财产物资库存实数的核对。根据有关账簿资料和盘点资料填制“实存账存对比表”，格式如表 4-14 所示。

表 4-14 实存账存对比表

实存账存对比表

单位名称：深某某有限公司　　　　20×× 年 12 月 31 日

编号	类别及名称	计量单位	单价/元	实存		账存		对比结果				备注
								盘盈		盘亏		
				数量	金额/元	数量	金额/元	数量	金额/元	数量	金额/元	
1	A	kg	5.00	4700	23,500.00	4700	23,500.00	0		0		

会计主管：周某　　　　部门审核：谢某　　　　制表：李某

④ 各往来、债权、债务明细账账面余额和对方单位或个人账面记录的核对。可由本单位人员与外单位电话联系，或传送对账单进行，对账单格式不固定，由各单位根据自身实际情况设定。

4.2.2 结账

结账工作是在编制会计报表前进行的，为了总结一定时期的经济业务情况，需要将这一时期的账簿记录结算清楚，结清各类账户的本期发生额和期末余额，为会计报表的编制打好基础。

（1）结账的程序

在进行结账工作前，除了需要及时（不提前、不推后）地将本期发生的所有经济业务全部登记入账（登账），并保证所登记的记录正确（对账）外，还需要做一些结账前的准备工作。

① 调整账项。根据权责发生制的原则，正确划分本期应计的收入和费用与其他会计期间的收入和费用。包括应计收入、应计费用、预收收入和预付费用的调整。

a. 应计收入：指已在本期实现，但因款项未收而未登记入账的收入。如深某某有限公司 12 月 29 日销售 A 类电子产品一批，价税合计 22600 元，已开具发票，对方已验收入库，但货款尚未支付。深某某有限公司虽然本月暂未收到货款，但对于这笔经济业务，已经符合收入的确认标准，那么会计人员应确认为深某某有限公司本期的收入，记录入账：借“应收账款”，贷“主营业务收入”。

b. 应计费用：指本期已经发生，但款项未付而未登记入账的费用。如深某某有限公司 12 月发生电费 30000 元，银行在下月初自动划扣此笔款项，那么会计人员对于这笔费用应确认为本月（12 月）的费用支出，借“制造费用”“管理费用”，贷“应付账款”。

c. 预收收入：指企业已收取款项，但未完成或未全部完成产品销售或劳务的提供，需要在期末按完成比例调整本期收入，并调整所收的款项形成的负债。如深某某有限公司与仁兴公司签订合同，约定于下月 10 日提交 A 类电子产品 10 万套，仁兴公司已于签订合同日（12 月 25 日）支付产品定金 30000 元。在收到定金时，会计人员应借记“银行存款”，贷记“预收账款”，而不应确认为本期收入。

d. 预付费用：指企业支出已经发生，但所发生的支出是应在以后若干会计期间受益的费用。为了正确计算各会计期间的盈亏，应将这些支出在受益会计期间内进行分摊。如深某某有限公司电梯保养费为 1000 元 / 月，公司于 10 月 10 日已支付第四季度保养费 3000 元，那么，会计人员在进行 12 月期末账面调整时，应将本月承担的 1000 元记入本期费用，借“管理费用”，贷“预付账款”。

② 结转损益。于月末将各损益类账户的金额结转至“本年利润”科目，以计算本期的经营成果。

③ 结出所有账户的借、贷方本期发生额和期末余额。

④ 画红线结账，并将余额转至下期。月结应在最后一笔经济业务记录及“本月合计”栏下画单红线，季结应在“本月合计”和“本季合计”栏通栏画单红线，年结应在“本年合计”栏下画双红线。

（2）结账的方法

结账是在月末、季末或年末进行的，也可以分为月结、季结和年结，采用画线结账的方法。

① 月结：在每月月末结账时，在最后一笔经济业务记录下面通栏画单红线，再结出本月借、贷方发生额和余额，写在红线下面一栏，摘要注明“本月合计”，在“本月合计”栏下画一条单红线。如账户本月未发生经济业务，可不进行月结。格式可参考本章第一节“会计账簿的登记”中各账

簿示例。

② 季结：在季末最后一个月月结数字的红线下面一行，除结计本月合计数外，还需在“本月合计”下一栏将本季度3个月的借、贷发生额进行加总，余额栏与本月合计栏余额应相等。摘要栏内注明“本季合计”字样，同时在“本月合计”和“本季合计”栏通栏画单红线。

③ 年结：年终结账时，要将全年发生额和年末余额进行结算，在摘要栏内注明“本年合计”字样，并在合计栏下通栏画双红线，表示全年账户结账。有余额的账户，需要将余额结转至下一年度，在“本年合计”的下一栏摘要中注明“结转下年”字样，将余额转出。

（3）电算化下如何结账

在实行电算化进行账务处理时，所有的结账工作都是由计算机自动完成的。计算机对所有账户的本期发生额和期末余额进行电算化处理，同时，检查会计凭证是否全部登记入账、是否已经审核完成，再根据试算平衡等结果进行结账处理工作。电算化下的结账工作需要注意的事项如下：

① 专人负责。在电算化下，结完账后是不能再进行凭证的输入或修改的，会计结账工作应由专人负责（一般是部门主管），避免其他人员错误操作，影响电算化系统的正常运行。

② 结账前的检查。虽然电算化系统能完成试算平衡并以此判断能否进行下一步结账工作，但对于人为错误如凭证错误、未到结账日期等，不能进行很好的识别，因此在结账前，负责结账的人员应检查该月所有的凭证是否全部记账、结账日期是不是正确及其他结账前的工作是否已经全部完成等，只有在完成所有结账条件时才能进行结账工作。

③ 结账的顺序。和手工会计一样，为保持数据的连续性，在进行结账工作时，应先将上月末的结账工作完成后再进行本月的结账工作，如果上月未结账则不允许结本月的账。

④ 年底结账。电算化系统下，年底结账后，系统会自动产生下一会计年度的空白数据文件，包括凭证临时文件、凭证库文件、科目余额发生额文件等，并将年度余额进行结转。跨年度时，电算化系统允许在上年度未完成结账工作的情况下进行下一年度会计凭证的输入，这一情况可以在结账环境设置“在上年末结账的情况下不允许输入本月的凭证”中更改。

⑤ 在电算化操作系统下，会计人员应时时注意数据的备份，在进行结账前也应做一次数据备份工作，可以在出现结账不正确的情况下恢复重做。

4.3 调账

在上一节中，我们讲述了对账和结账，对账是为了保证会计信息的正确、真实、可靠，结账则是在对账工作的基础上进行的，两者一个是为了保证会计信息的正确，另一个是以正确的会计信息为前提，但是，工作中难免会有疏忽，出现差错的情况经常发生，那么，对于这些繁多的数据资料，会计人员如何快速灵活地查找出错误原因，又如何对这些错误进行更改呢？读者将会在本节找到答案。

4.3.1 产生错账的原因

在进行会计记录和处理的过程中，出现差错的原因多种多样，常见的主要有以下几种。

（1）由于会计确认不当形成

会计确认是指依据一定的标准对所发生的经济业务能否作为会计要素计入会计系统，以及能否列入会计报表进行识别和确认的过程，也就是说对这项经济业务的时间范围（计入本期或是下期、分期计入等）和空间范围（计入哪一类会计账户）的问题进行确认。由于会计确认不当形成的差错有以下几种。

① 与权责发生制确认时间基础不符的会计差错，如对收入的提前或推迟确认、费用的提前或推迟入账等。

② 会计科目定义和特征识别不清导致的差错，如账户分类不当，常将资本性支出和收益性支出混淆。

（2）由于会计计量不准确形成

① 与实物数量不符产生的差错：财产清查时对材料等存货的计量不准确，或收发材料时计量不准确，导致期末账实不符，出现盘盈或盘亏的情况，使会计报表发生错误。

② 因计量属性和计量单位不符产生的差错：资产的计价方式有历史成本计价法、现行市价计价法、未来现金流量现值计价法等，对待不同的资产（购入、接受捐赠、盘盈等）应确定正确的计量属性和计量单位。

（3）由于会计记录造成

① 操作性失误：因会计人员按错键位、眼误或笔误等造成的错误。

② 技术性错误：因会计人员对工作不熟练造成的凭证填写错误、红字运用范围不当等。

③ 条件性错误：因客观条件如纸质差发生的字迹模糊、辨认不清等造成的错误。

（4）其他原因如管理不当、会计人员责任心不强等造成

接下来，我们以会计记录造成的会计差错为例，对如何调账进行讲述。

4.3.2 错账查找的方法

常见的差错有：漏记、重记、数字错位、数字错记、科目记错、方向记反等。

出现错账时，我们可以按照差错的种类采取不同的方法进行查找。

（1）漏记、重记的查找方法

漏记是指对会计分录在记账过程中的登记出现了只登记借方或贷方，而漏记另一方的情况。重记是指对会计分录在记账过程中的登记出现了同一方重复登记的情况。在记账过程中出现漏记、重记的情况时，一般采用差数法、顺查法进行查找。常出现的漏记（重记）情形有以下几种。

① 总账漏记（重记）。总账漏记（重记）某一方，会计人员在进行试算平衡时就会发现借贷方金额不相等，借、贷方哪一方金额数小（大），漏记（重记）的就在哪一方。在这种情况下，会计人员可以通过回忆来查找与差额相同的记账金额，也可以通过总账与明细账的对比来查找，如某一总账借（贷）方金额小于（大于）它所属的明细账的借（贷）方合计数，且这个差额与总账借贷方差额正好相等，则说明总账的借、贷方中金额较小（大）的一方发生了漏记（重记）。

② 明细账漏记（重记）。在进行总账与明细账核对时，发现某一总账的借（贷）方金额大于（小于）所属明细账借（贷）方金额合计数，而这时总账已经试算平衡了，这样，可以判断明细账借、贷方某方出现了漏记（重记），漏记（重记）金额为总账金额与明细账同方向合计金额数的差额。

上述两种情况采用的都是差数法，差数法就是按照错账的差数查找错误出处的方法。

③ 如果是某一张凭证整张漏记了，那么通过差数法是无法发现错误的。这时，就要通过顺查法或逆查法来查找了。

顺查法：也叫作正查法，它是按照账务处理的顺序，从头到尾按原始凭证、账簿、会计报表这样的顺序进行查找的方法。从最开始检查原始凭证的正确与否，到后来核对记账凭证同账簿的记录，再到对有关账户发生额和余额的检查来发现漏记、重记、错记科目，错记金额等情况。顺查法工作量大，耗时多，所以一般只在通过其他方法无法查找到具体原因时采用。

逆查法：也叫作反错法，顾名思义，这种方法的处理顺序与顺查法正好相反，是根据账务处理的顺序按会计报表、账簿、记账凭证的编制过程进行查找的方法。它一般也只在其他方法采用无效的情况下使用。

（2）数字错记、方向记反的查找方法

① 借、贷金额方向记反。是指记账时把发生额的方向记反，将借方金额错记入贷方金额，或者将贷方金额错记入借方金额，这时，出现错账的差数表现为错误金额的 2 倍，将差数除以 2，得出的商即记错方向的金额。我们称这种方法为除 2 法，是指用差数除以 2 来查找错账的方法。

如总账一方记反，误将借方 500 记入贷方，试算时不平衡，借方小于贷方的差额 1000 能被 2 整除，那会计人员就应该查找有没有所得商为 500 的会计记录。

② 数字写小或写大。也即数字的错位，指将数字的位数前移或后移造成的差错，比如将 500 写成了 50 或者是将 50 写成了 500，那么查账时，将数字写小的情况，以差额 450 除以 9 后所得的商 50，再乘以 10 得出的积为 500 即是写错的数字；如果是将数字写大，那么算出的差额 50 就是正确的数字，而差额 50 乘以 10 得出的积 500 即写错的数字。

查账时如果差额能够除以 9，所得商与账上某数存在 10 倍关系，可能是记错位，会计人员可以用这种除 9 法进行。除 9 法，指以差数除以 9 来查找错数的方法。

③ 邻数颠倒。是指记账时把相邻的两个数字换位登记了。如将 96 写成 69，这时正确数 96 与错误数 69 的差额是 27，除以 9 以后所得的商为 3，等于相邻颠倒的 9 和 6 之间的差额 3，而且这个差额小于 9。那么，会计人员就可以从账簿记录中两个相邻的数差值为 3 的数额中进行错账查找，当发现账簿记录中出现了差额为 3 的数字（如 96），则有可能就是颠倒的数字。

④ 隔位数倒置。同邻数颠倒类似，只是这种倒置是将隔位数的位置弄错，产生有效数字是三位以上的差额，而且差额中间的数字为 9。比如将 801 错记成 108，这时产生的差额为 693，除以 9 所得的商 77 是两位相同的数，且倒置的数字 8 与 1 的差额是其中一位数字 7。于是，会计人员就可以从账簿记录中查找数字中百位和个位两数之差为 7 的数字，便可查到隔位数倒置差错。

对于发生的角、分的差错，会计人员可以只针对小数部分查找原因，提高错账查找的效率。

学习这些错账查找的方法，读者是不是觉得有点绕迷糊了呢？不要着急，理清思路，你会发现无非就是简单的加减乘除而已。在工作中，出现错账时，会计人员应从具体情况出发，灵活运用合适的查账方法，可以使用一种方法，也可以将各种方法结合使用，善于分析，发挥“柯南精神”：看透唯一的真相。

4.3.3 错账更正的方法

在会计工作中，如果发现账簿记录有错误，不能采用涂改液、橡皮擦、除字灵等工具来改错，只需备红、蓝（黑）笔各一支，按照专门的方法即可轻松搞定。

错账更正的方法有三种。

（1）画线更正法

画线更正法，也叫红线更正法，是指在结账前发现的，记账凭证无误而账簿记录有文字或数字错误的情况下使用的。其方法是在错误的文字或者数字上画一条红线，再用蓝（黑）字在红线的上方写上正确的文字或数字，并由更正人员在改写处盖章，明确责任。如，将13200.00元误记为1320.00元，修改如图4-3所示。

金额							
十	万	千	百	十	元	角	分
	1	3	2	0	0	0	0
		1	3	2	0	0	0

图4-3　画线更正法

画线更正时如果是文字错误，可只画错误的部分；如果是数字错误，应将全部数字画线（如图4-3），而不得只画错误数字部分。画线后必须注意使原来的错误字迹仍可辨认，以备审查。

（2）红字更正法

红字更正法也叫作红字冲销法。会计中，红字是代表对原记录的冲销。在下列两种情况下，会计人员应采用红字更正法进行错账更正。

① 根据会计凭证记账后发现记账凭证会计科目错误或者记账方向错误的，应先用红字书写一张与原错误凭证内容完全一样的凭证（文字用蓝或黑字，数字用红字），并用红字登记入账冲销账簿记录，再用蓝（黑）字填写一张正确的凭证登记入账。

比如，用现金购买办公桌一张，共花费400元，在填制凭证时误写成“银行存款”，并已登记账簿。错误会计分录为：

借：管理费用　　　　400

贷：银行存款　　　　400

会计人员此时应采用红字更正法更正，先用红字填写一张与上述分录完全一样的凭证：

借：管理费用　　　　400

贷：银行存款　　　　400

再据以登记账簿，这时，原先编制错误的会计记录已经完全冲销。然后，再编制一张正确的蓝字凭证：

借：管理费用　　　　400

贷：库存现金　　　　400

② 根据编制好的凭证登记账簿后，发现记账凭证会计科目的使用和记账方向没有错误，但是记账金额大于应记的正确金额，这时也应采用红字更正法。方法是：编制一张红字凭证，其会计科目、记账方向与错误凭证完全一样，但是数字为已记账的错误金额减去正确金额得出的差额，以冲销多记的金额。

（3）补充登记法

补充登记法又叫作蓝字登记法，是指在编制凭证登账后发现记账凭证的会计科目、借贷方向无误，只是所记金额小于应记的正确金额。此时，会计人员应采用补充登记法进行更正。方法是：将少记的金额编制一张蓝字凭证，除金额为少记的金额外，其他内容均与原错误凭证一致，以补充少记的金额，并在账簿中据以登记。

上述三种是会计核算中更正错账常采用的方法，在理论上各种方法都会有记账后、结账前的时间限定，但会计人员在工作中应根据实际情况在符合会计规定的情况下灵活运用。如记账前就发现会计凭证编写错误，可以将凭证作废重编；在结账后发现记账凭证无误，只是在登记账簿的过程中出现笔误（即过账笔误），这时也可以用画线更正法直接在账簿出现错误处进行更正，不必重新填写记账凭证。

4.4　小结

在会计人员进行账务处理的过程中，对比编制凭证和编制会计报表，登记账簿相对来说是比较没有技术含量的活，稍微费脑筋一点的也就是期初建账时考虑应该要准备哪些账本，各个科目应用哪种格式的明细账册等。在之后的日常工作中，就是根据编制好的凭证将文字、数字转抄一下就好，但是，也不应小看这个阶段的工作，应牢记“登记账簿要仔细”。

认真细致地对待这个阶段的工作，是对前期工作的一种负责，也是对后期编制会计报表所做的铺垫。在工作中出现账簿登记错误是很头疼的一件事，有时候会花费会计人员大量的时间来进行错误的查找，大大降低工作的效率。当然，百密一疏，工作中总有出错的时候，对于错账，会计人员也应该灵活运用各种方法，尽快地找到原因，在工作中善于总结，会计工作也能熟能生巧。

第5章 游刃有余
——编制报表

经过前面各项基础工作的准备，终于到出成果的时候啦。本章将要学习的会计报表的编制，不光是对会计人员工作的一个总结，也是对企业某一时期的财务状况、经营成果和现金流量等的综合反映。

5.1 财务报表概述

财务报表是会计人员进行核算工作所生产的最终产品，它是根据前期各项记账凭证、会计账簿等核算资料定期编制的，反映企业一定时期内经营成果、财务状况和理财过程的报表，它反映了企业在这一阶段内的全部会计信息。

财务报表是企业经营状况信息输出的载体，可被不同知识背景的使用者使用，对投资决策、经营决策等都起着非常重要的作用。针对这些情况，会计人员在编制财务报表时就必须遵守相应的财务报表编制要求，也就是编制财务报表时应符合的会计信息质量要求。

（1）财务报表的编制要求

应符合会计信息质量要求，会计信息质量要求适用于会计工作的各个阶段，编制财务报表也应遵守这八性：可靠性、相关性、可理解性、可比性、实质重于形式、重要性、谨慎性和及时性。具体要求如下：

① 数字真实。财务报表所提供的会计信息资料必须能如实地反映企业的情况，才能作为使用者的决策依据。这是对所有提供的会计资料最基本的信息质量要求。

② 内容完整。财务报表是反映企业经营活动全部信息的总括，因此必须做到资料的完整性。凡是企业发生的业务都必须在重要性和成本允许的范围内尽可能完整地反映，不得造成信息的遗漏；凡是会计制度要求编制的报表都必须全部编制，不得漏编漏报。

③ 计算准确。会计核算和报表编制，涉及大量的数字计算，只有计算准确了，才能保证提供资料的真实可靠，也才能使所提供的资料确实可用。只有计算准确、真实的会计报表资料，才能与使用者的决策相关联，帮助他们对过去进行评价，对未来进行预测。

④ 前后可比。财务报表所反映的信息资料，应当能够满足使用者进行横向或纵向比较的需求，也就是说能与不同时期和不同企业的财务报表相对比，以利于报表使用者进行鉴别和分析。另外，因为使用者各自的知识背景不同，对报表的理解各有差异，所以，财务报表所提供的信息在可比的同时还要便于使用者理解，尽可能做到说明清楚。

⑤ 报送及时。信息的使用价值跟传递的及时与否有很大的关系，财务报表应当按规定的时间送达给使用者，才能为使用者的决策提供有用的依

据。如果报表编制和传递不及时，就会失去其相关性，降低会计信息的使用价值。

（2）编制报表前的工作准备

编制报表的直接依据是会计账簿，会计报表所有的数据都是从已经登记好的账簿中摘取。因此，在编制报表前，会计人员已经做好了一系列的日常工作，如前面所述的对账、结账等。

在会计人员的实际工作中，编制报表、申报纳税都是集中在月末和月初进行的，这时候，会计人员最为忙碌，而忙乱也容易出错。笔者结合实际工作，对编制报表前的准备工作叙述如下（涉及税金计算的部分将在第 6 章中叙述），读者可结合前面所学的知识进行归纳和灵活运用。

在编制财务报表前，会计人员一般应做好如下准备工作：

① 资产的核实。包括现金和银行存款的明细核对，应收账款、其他应收款与债务人的核对，各项存货、固定资产、在建工程的清查等。应保证各项资产实数与账面数一致，如出现差异应先编制相关凭证，查明原因后按规定处理。

② 债务的清理。对各种经济往来中形成的债务要及时核对入账，已到期的要按时偿还，特别是税款、水电费等，确保企业经营的正常运转。

③ 成本的核算。在日常工作中，企业的成本核算一般是定期（十天、半个月或一个月）汇总编制成本核算表，月末编制会计报表前，应认真复核制造费用的分配、归集情况以及各项生产、销售、库存项目的成本核算情况，计算本月的产品成本、销售成本等。避免出现少转、漏转、错转成本等情况，影响企业盈亏信息的真实性。

④ 费用的计提与摊销。一般企业每月的计提与摊销业务基本固定，有固定资产折旧的计提、无形资产摊销、水电费计提、工资计提以及以工资为基数计提的福利费、教育经费、工会经费、开办费的摊销，还有银行借款业务利息的计提，如有外币业务的还应计算汇兑损益，调整相关外币账户。

⑤ 归集损益类科目，结转本年利润。月末将各损益类账户全部转入“本年利润”账户，年末将“本年利润”账户形成的本年税后净利润或亏损转入“利润分配”账户。

以上工作会根据会计岗位的不同分工交叉进行，会计人员应区分轻重缓急，合理有序地安排各项工作。

5.2 资产负债表

资产负债表是反映企业在某一个特定日期财务状况（资产、负债和所有者权益）的会计报表，属于静态会计报表的范畴。

5.2.1 资产负债表的内容和结构

资产负债表包含了资产、负债和所有者权益三个大的项目，它们三者之间存在着一定的勾稽关系，利用“资产 = 负债 + 所有者权益”的会计平衡等式，将各要素的会计科目分列为“资产”“负债和所有者权益”两列，反映企业的经营状况。

5.2.1.1 资产负债表的内容

（1）资产

反映企业由过去的交易事项形成的，并且是由企业拥有或控制的，在可以预计的将来能给企业带来经济利益的资源。在资产负债表中，按照资产的流动性强弱进行列示，表明企业拥有或控制的经济资源及其分布情况。具体分为流动资产和非流动资产两类。

流动资产，读者可以从字面上简单理解，流动即灵活变动。也就是说这些资产能在一个正常营业周期（1 年内，含 1 年）中变现、出售或者耗用。

在资产负债表中列示的流动资产项目包括：货币资金、交易性金融资产、应收票据、应收账款、预付款项、应收利息、应收股利、其他应收款、存货和一年内到期的非流动资产等。

非流动资产，是对应流动资产来讲的，流动资产以外的资产就是非流动资产。如资产负债表中所列示的长期股权投资、投资性房地产、固定资产、在建工程、工程物资、固定资产清理、无形资产等。

（2）负债

就是企业的欠债，是某一特定日期企业所承担的、预期会导致企业经济利益流出的义务。在资产负债表中，同样是按偿还期的长短来对各项负债进行列示，分为流动负债和非流动负债。

流动负债指一年内或者超过一年的一个营业周期内需要偿还的债务合计。在资产负债表中列示的流动负债项目有：短期借款、应付票据、应付账款、预收款项、应付职工薪酬、应交税费、应付利息、应付股利、其他应付款以及一年内到期的非流动负债等。

非流动负债指流动负债以外的负债。其项目包括长期借款、应付债券、长期应付款等。

（3）所有者权益

是企业资产扣除负债后的剩余权益，是企业所有者对企业净资产的要求权，在数量上等于企业全部资产减去全部负债后的余额，这可以通过对会计恒等式的变形来表示，即：资产 - 负债 = 所有者权益。资产负债表中的所有者权益包含了实收资本、资本公积、盈余公积和未分配利润等项目。

5.2.1.2 资产负债表的结构

目前国际上对于资产负债表主要采用账户式和报告式两种结构，我国企业的资产负债表采用账户式的结构。

账户式资产负债表的基本结构分左右两方，一般是按各种资产流动性强弱的顺序逐一列在表的左方，反映单位所有的各项财产、物资、债权和权利；负债和所有者权益则按清偿时间的先后顺序逐一列在表的右方。负债一般列于右上方，分别反映各种长期和短期负债的项目，所有者权益列在右下方，反映企业所有者对企业净资产的所有权。

资产负债表左边资产各项目的合计等于右边负债和所有者权益各项目的合计，即“资产 = 负债 + 所有者权益”。

账户式资产负债表的格式见表 5-1。

表 5-1 账户式资产负债表格式

资产负债表

会企 01 表

编制单位：深某某有限公司　　20×× 年 11 月 30 日　　单位：元

资产	期末余额	上年年末余额	负债和所有者权益（或股东权益）	期末余额	上年年末余额
流动资产：			流动负债：		
货币资金	502,532.00	402,025.60	短期借款	200,000.00	250,000.00
交易性金融资产			交易性金融负债		
衍生金融资产			衍生金融负债		
应收票据			应付票据		
应收账款	148,690.61	118,952.49	应付账款	563,833.00	597,121.42
应收款项融资			预收款项		
预付款项			合同负债		
其他应收款	10,448.39	8,358.71	应付职工薪酬	100,359.98	100,287.98
存货	761,964.59	609,571.67	应交税费	12,730.00	10,184.00
合同资产			其他应付款	17,124.33	13,699.46
持有待售资产			持有待售负债		

续表

资产	期末余额	上年年末余额	负债和所有者权益（或股东权益）	期末余额	上年年末余额
一年内到期的非流动资产			一年内到期的非流动负债		
其他流动资产			其他流动负债		
流动资产合计	1,423,635.59	1,138,908.47	流动负债合计	894,047.31	971,292.86
非流动资产：			非流动负债：		
债权投资			长期借款		
其他债权投资			应付债券		
长期应收款			其中：优先股		
长期股权投资			永续债		
其他权益工具投资			租赁负债		
其他非流动金融资产			长期应付款		
投资性房地产			预计负债		
固定资产	415,480.49	332,384.39	递延收益		
在建工程			递延所得税负债		
生产性生物资产			其他非流动负债		
油气资产			非流动负债合计		
使用权资产			负债合计	894,047.31	971,292.86
无形资产			所有者权益（或股东权益）：		
开发支出			实收资本（或股本）	500,000.00	500,000.00
商誉			其他权益工具		
长期待摊费用			其中：优先股		
递延所得税资产			永续债		
其他非流动资产			资本公积		
非流动资产合计	415,480.49	332,384.39	减：库存股		
			其他综合收益		
			专项储备		
			盈余公积		
			未分配利润	445,068.77	
			所有者权益（或股东权益）合计	945,068.77	500,000.00
资产总计	1,839,116.08	1,471,292.86	负债和所有者权益（或股东权益）总计	1,839,116.08	1,471,292.86

会计主管：何某　　　　审核：伍某　　　　制表：周某

5.2.2 资产负债表的作用

资产负债表通过对企业某一时点资产、负债、所有者权益的静态反映描述了企业的账务状况，它的作用主要有以下几个方面：

① 反映资产及其分布状况。它反映了企业在特定时间所拥有的资产类别和数额，如流动资产的多少、固定资产的多少、长期投资资产的多少、无形资产的多少等。

② 列示了企业所承担的债务及偿还期限的长短。资产负债表通过列示企业在特定时点所承担的债务如流动负债、长期负债等，让报表使用者清楚地知道企业在这一时点上需要偿还的债务金额有多少，哪些需要在一年内偿还、哪些偿还期在一年以上。

③ 反映净资产及其形成原因。资产负债表反映某一特定时间投资人所拥有的净资产额度，及净资产产生的原因。净资产也就是股东权益，它等于资产减去负债；在企业的清偿过程中，负债是优于所有者权益的，也就是所谓的先人后己。

④ 揭示企业的财务状况发展趋势。通过对几个会计期间内资产负债表的分析，可以对企业财务发展状况的趋势有比较清楚的了解，如把各个月度（年度）企业应收账款做个对比，就会很容易地发现企业的销售状况是呈现上升还是下降的趋势。

5.2.3 资产负债表的编制

了解资产负债表的内容和格式之后是不是迫不及待地想知道如何进行报表的编制了？不要着急，一步一步跟着来吧。

（1）资产负债表的编制方法

资产负债表各项目分为“上年年末余额”和“期末余额”两栏，主要是通过对日常会计记录的数据加以归集和整理形成的。其中“上年年末余额”根据上年度资产负债表的“期末余额”所列数据填列。“期末余额”的数据来源，主要通过以下几种方式取得：

① 根据总账科目余额直接填列。如“短期借款”项目，可直接根据“短期借款”总账科目的期末余额填列。

② 根据总账科目余额计算填列。如“货币资金”项目，根据“现金”“银行存款”“其他货币资金”科目的期末余额合计数计算填列。

③ 根据明细科目余额计算填列。如“应付账款”项目，根据“应付账款”“预付账款”科目所属相关明细科目的期末贷方余额计算填列。

④ 根据总账科目和明细科目余额分析计算填列。如“长期借款”项目，根据“长期借款”总账科目期末余额，扣除“长期借款”科目所属明细科目中反映的、将于一年内到期的、企业不能单方面地将偿还期限延长的长期借款部分，分析计算填列。

⑤ 根据科目余额减去其备抵项目余额后的净额填列。如“应收账款”项目，根据“应收账款”科目的期末余额，减去“坏账准备”备抵科目余额后的净额填列。

⑥ 综合运用以上所述的方法分析填列。如“存货”项目，需要将“原材料”“库存商品”“委托加工物资”“周转材料”“材料采购”“在途物资”“发出商品”“材料成本差异”等总账科目期末数进行汇总后，再减去“存货跌价准备”科目余额后的净额填列。

如果当年度资产负债表规定的各个项目的名称和内容同上年度不一致，应对上年年末资产负债表各项目的名称和数字按照本年度的规定进行调整，填入本表“上年年末余额”栏内。

（2）资产负债表的具体填列

接下来，我们将重点讲述“期末数”主要项目的填列方法，对于企业中很少应用的项目在此不做介绍。读者可根据前述各章中深某某有限公司的数据，按照以下内容自行完成一张完整的资产负债表。

①“货币资金”项目，该项目应根据“库存现金”“银行存款”“其他货币资金”科目期末余额的合计数填列。

②“交易性金融资产”项目，该项目应根据“交易性金融资产”科目的相关明细科目期末余额分析填列。自资产负债表日起超过一年到期且预期持有超过一年的以公允价值计量且其变动计入当期损益的非流动金融资产的期末账面价值，在“其他非流动金融资产”项目反映。

③“应收票据”项目，该项目应根据“应收票据”科目的期末余额，减去“坏账准备”科目中相关坏账准备期末余额后的金额分析填列。

④“应收账款”项目，该项目应根据“应收账款”科目的期末余额，减去“坏账准备”科目中相关坏账准备期末余额后的金额分析填列。

⑤“应收款项融资”项目，反映资产负债表日由企业主营业务产生的，同时以收取合同现金流量和出售为业务模式的应收票据和应收账款，该类金融资产以公允价值计量且其变动计入其他综合收益。

⑥“预付款项”项目，该项目应根据“预付账款”和“应付账款”科目所属各明细科目的期末借方余额合计数，减去“坏账准备”科目中有关预付账

款计提的坏账准备期末余额后的净额填列。如“预付账款”科目所属明细科目期末为贷方余额的，应在资产负债表“应付账款”项目内填列。

⑦“其他应收款”项目，该项目应根据“应收利息”“应收股利”“其他应收款”科目的期末余额合计数，减去“坏账准备”科目中相关坏账准备期末余额后的金额填列。其中的“应收利息”仅反映相关金融工具已到期可收取但于资产负债表日尚未收到的利息。基于实际利率法计提的金融工具的利息应包含在相应金融工具的账面余额中。

⑧“存货”项目，该项目应根据“材料采购”“原材料”“库存商品”“周转材料”“委托加工物资”“发出商品”“生产成本”“受托代销商品”等科目的期末余额合计数，减去“受托代销商品”“存货跌价准备”科目期末余额后的净额填列。材料采用计划成本核算，以及库存商品采用计划成本核算或售价核算的企业，还应按加或减材料成本差异、商品进销差价后的金额填列。

⑨“合同资产”项目，该项目应根据“合同资产”科目的相关明细科目期末余额分析填列，同一合同下的合同资产和合同负债应当以净额列示。其中净额为借方余额的，应当根据其流动性在“合同资产”或“其他非流动资产”项目中填列，已计提减值准备的，还应以减去“合同资产减值准备”科目中相关的期末余额后的金额填列；其中净额为贷方余额的，应当根据其流动性在“合同负债”或“其他非流动负债”项目中填列。

⑩“持有待售资产”项目，该项目应根据“持有待售资产”科目的期末余额，减去“持有待售资产减值准备”科目的期末余额后的金额填列。

⑪“一年内到期的非流动资产”项目，该项目应根据有关科目的期末余额分析填列。

⑫“债权投资”项目，该项目应根据“债权投资”科目的相关明细科目期末余额，减去“债权投资减值准备”科目中相关减值准备的期末余额后的金额分析填列。自资产负债表日起一年内到期的长期债权投资的期末账面价值，在“一年内到期的非流动资产”项目中反映。企业购入的以摊余成本计量的一年内到期的债权投资的期末账面价值，在“其他流动资产”项目中反映。

⑬“其他债权投资”项目，该项目应根据“其他债权投资”科目的相关明细科目期末余额分析填列。自资产负债表日起一年内到期的长期债权投资的期末账面价值，在“一年内到期的非流动资产”项目反映。企业购入的以公允价值计量且其变动计入其他综合收益的一年内到期的债权投资的期末账面价值，在“其他流动资产”项目反映。

⑭“长期应收款”项目，该项目应根据“长期应收款”科目的期末余额，

减去相应的“未实现融资收益”科目和“坏账准备”科目所属相关明细科目期末余额后的金额填列。

⑮“长期股权投资”项目，该项目应根据“长期股权投资”科目的期末余额，减去“长期股权投资减值准备”科目的期末余额后的净额填列。

⑯“其他权益工具投资”项目，该项目应根据“其他权益工具投资”科目的期末余额填列。

⑰“固定资产”项目，该项目应根据“固定资产”科目的期末余额，减去“累计折旧”和“固定资产减值准备”科目的期末余额后的金额，以及“固定资产清理”科目的期末余额填列。

⑱“在建工程”项目，该项目应根据“在建工程”科目的期末余额，减去“在建工程减值准备”科目期末余额后的金额，以及“工程物资”科目的期末余额，减去“工程物资减值准备”科目的期末余额后的金额填列。

⑲“使用权资产”项目，该项目应根据“使用权资产”科目的期末余额，减去“使用权资产累计折旧”和“使用权资产减值准备”科目的期末余额后的金额填列。

⑳“无形资产”项目，该项目应根据“无形资产”科目的期末余额，减去“累计摊销”和“无形资产减值准备”科目期末余额后的净额填列。

㉑“开发支出”项目，该项目应当根据“研发支出”科目所属的“资本化支出”明细科目期末余额填列。

㉒“长期待摊费用”项目，该项目应根据“长期待摊费用”科目的期末余额，减去将于一年内（含一年）摊销的数额后的金额分析填列。但长期待摊费用的摊销年限只剩一年或不足一年的，或预计在一年内（含一年）进行摊销的部分，不得归类为流动资产，仍在各非流动资产项目中填列，不转入“一年内到期的非流动资产”项目。

㉓“递延所得税资产”项目，该项目应根据“递延所得税资产”科目的期末余额填列。

㉔“其他非流动资产”项目，该项目应根据有关科目的期末余额填列。

㉕“短期借款”项目，该项目应根据“短期借款”科目的期末余额填列。

㉖“交易性金融负债”项目，该项目应根据“交易性金融负债”科目的相关明细科目期末余额填列。

㉗“应付票据”项目，该项目应根据“应付票据”科目的期末余额填列。

㉘“应付账款”项目，该项目应根据“应付账款”和“预付账款”科目所属的相关明细科目的期末贷方余额合计数填列。

㉙“预收款项”项目，该项目应根据“预收账款”和“应收账款”科目的期末贷方余额合计数填列。如“预收账款”科目所属明细科目期末为借方余额的，应在资产负债表“应收账款”项目内填列。

㉚“合同负债”项目，该项目应根据“合同负债”的相关明细科目的期末余额分析填列。

㉛“应付职工薪酬”项目，该项目应根据“应付职工薪酬”科目所属各明细科目的期末贷方余额分析填列。

㉜“应交税费”项目，该项目应根据“应交税费”科目的期末贷方余额填列。需要说明的是，“应交税费”科目下的“应交增值税”“未交增值税”“待抵扣进项税额”“待认证进项税额”“增值税留抵税额”等明细科目期末借方余额应根据情况，在资产负债表中的“其他流动资产”或“其他非流动资产”项目列示；“应交税费——待转销项税额”等科目期末贷方余额应根据情况，在资产负债表中的“其他流动负债”或“其他非流动负债”项目列示；“应交税费”科目下的“未交增值税”“简易计税”“转让金融商品应交增值税”“代扣代交增值税”等科目期末贷方余额应在资产负债表中的“应交税费”项目列示。

㉝“其他应付款”项目，该项目应根据“应付利息”“应付股利”“其他应付款”科目的期末余额合计数填列。其中，“应付利息”科目仅反映相关金融工具已到期应支付但于资产负债表日尚未支付的利息。基于实际利率法计提的金融工具的利息应包含在相应金融工具的账面余额中。

㉞“持有待售负债”项目，该项目应根据“持有待售负债”科目的期末余额填列。

㉟“一年内到期的非流动负债”项目，该项目应根据有关科目的期末余额分析填列。

㊱“长期借款”项目，该项目应根据“长期借款”科目的期末余额，扣除“长期借款”科目所属的明细科目中将在资产负债表日起一年内到期且企业不能自主地将清偿义务展期的长期借款后的金额计算填列。

㊲“应付债券”项目，该项目应根据“应付债券”科目的期末余额分析填列。对于资产负债表日企业发行的金融工具，分类为金融负债的，应在本项目填列，对于优先股和永续债还应在本项目下的“优先股”项目和“永续债”项目分别填列。

㊳“租赁负债”项目，该项目应根据“租赁负债”科目的期末余额填列。自资产负债表日起一年内到期应予以清偿的租赁负债的期末账面价值，在“一

年内到期的非流动负债”项目中反映。

㊴“长期应付款”项目，该项目应根据“长期应付款”科目的期末余额，减去相关的“未确认融资费用”科目的期末余额后的金额，以及“专项应付款”科目的期末余额填列。

㊵“预计负债”项目，该项目应根据“预计负债”科目的期末余额填列。

㊶“递延收益”项目，该项目核算包括企业根据政府补助准则确认的应在以后期间计入当期损益的政府补助金额、售后租回形成融资租赁的售价与资产账面价值差额等其他递延性收入。本项目应根据“递延收益”科目的期末余额填列。本项目中摊销期限只剩一年或不足一年的，或预计在一年内（含一年）进行摊销的部分，不得归类为流动负债，仍在本项目中填列，不转入“一年内到期的非流动负债”项目。

㊷“递延所得税负债”项目，该项目应根据“所得税负债”科目的期末余额填列。

㊸“其他非流动负债”项目，该项目应根据有关科目期末余额，减去将于一年内（含一年）到期偿还数后的余额分析填列。非流动负债各项目中将于一年内（含一年）到期的非流动负债，应在“一年内到期的非流动负债”项目内反映。

㊹“实收资本（或股本）”项目，该项目应根据“实收资本（或股本）”科目的期末余额填列。

㊺“其他权益工具”项目，反映资产负债表日企业发行在外的除普通股以外分类为权益工具的金融工具的期末账面价值，并下设“优先股”和“永续债”两个项目，分别反映企业发行的分类为权益工具的优先股和永续债的账面价值。

㊻“资本公积”项目，该项目应根据“资本公积”科目的期末余额填列。

㊼“其他综合收益”项目，该项目应根据“其他综合收益”科目的期末余额填列。

㊽“专项储备”项目，该项目应根据“专项储备”科目的期末余额填列。

㊾“盈余公积”项目，该项目应根据“盈余公积”科目的期末余额填列。

㊿“未分配利润”项目，该项目应根据“本年利润”科目和“利润分配”科目的余额计算填列。未弥补的亏损在本项目内以“-”号填列。

一般日常工作中，企业涉及的项目相对来说比资产负债表中所列项目要少，较简单的如本书中的深某某有限公司，其中深某某有限公司某年 12 月份的资产负债表各项目填写完整后示例如表 5-2。

读者可以对照一下表5-2，看看自己所填列的数据是否正确。

表5-2　深某某有限公司12月资产负债表

资产负债表

会企01表

编制单位：深某某有限公司　　20××年12月30日　　单位：元

资产	期末余额	上年年末余额	负债和所有者权益（或股东权益）	期末余额	上年年末余额
流动资产：			流动负债：		
货币资金	354,350.00	402,025.60	短期借款	200,000.00	250,000.00
交易性金融资产			交易性金融负债		
衍生金融资产			衍生金融负债		
应收票据			应付票据		
应收账款	128,750.61	118,952.49	应付账款	359,859.37	597,121.42
应收款项融资			预收款项		
预付款项			合同负债		
其他应收款	59,795.20	8,358.71	应付职工薪酬	109,745.43	100,287.98
存货	664,350.34	609,571.67	应交税费	26,189.38	10,184.00
合同资产			其他应付款	9,099.79	13,699.46
持有待售资产			持有待售负债		
一年内到期的非流动资产			一年内到期的非流动负债		
其他流动资产			其他流动负债		
流动资产合计	1,207,246.15	1,138,908.47	流动负债合计	704,893.97	971,292.86
非流动资产：			非流动负债：		
债权投资			长期借款		
其他债权投资			应付债券		
长期应收款			其中：优先股		
长期股权投资			永续债		
其他权益工具投资			租赁负债		
其他非流动金融资产			长期应付款		
投资性房地产			预计负债		
固定资产	541,827.62	332,384.39	递延收益		
在建工程			递延所得税负债		
生产性生物资产			其他非流动负债		
油气资产			非流动负债合计	0.00	0.00

续表

资产	期末余额	上年年末余额	负债和所有者权益（或股东权益）	期末余额	上年年末余额
使用权资产			负债合计	704,893.97	971,292.86
无形资产			所有者权益（或股东权益）：		
开发支出			实收资本（或股本）	500,000.00	500,000.00
商誉			其他权益工具		
长期待摊费用			其中：优先股		
递延所得税资产			永续债		
其他非流动资产			资本公积		
非流动资产合计	541,827.62	332,384.39	减：库存股		
			其他综合收益		
			专项储备		
			盈余公积		
			未分配利润	544,179.80	
			所有者权益（或股东权益）合计	1,044,179.80	500,000.00
资产总计	1,749,073.77	1,471,292.86	负债和所有者权益（或股东权益）总计	1,749,073.77	1,471,292.86

会计主管：何某　　　　审核：伍某　　　　制表：周某

5.3　利润表

利润表也可以称作损益表，它是表示会计期间企业利润的实现或亏损情况的财务报表。

5.3.1　利润表的结构

利润表一般有单步式和多步式两种格式，我国企业的利润表采用多步式格式。多步式利润表，将收入和费用项目加以分类，按利润构成和分配分成两个大的部分。

利润构成部分分步反映了净利润的构成内容：先列示营业收入，然后减去营业成本、税金及附加等各种税费和费用后得出营业利润，营业利润加上营业外收入、减去营业外支出后得到企业的利润总额，利润总额减去所得税费用后得到净利润。

多步式利润表的格式见表 5-3。

表 5-3　多步式利润表

利润表

会企 02 表

编制单位：深某某有限公司　　　20×× 年 11 月　　　单位：元

项目	本月数	本年累计数
一、营业收入	400,133.52	4,181,395.28
减：营业成本	215,506.61	2,692,403.70
税金及附加	3,099.98	32,394.79
销售费用	33,523.33	350,318.80
管理费用	51,273.61	535,809.22
研发费用		
财务费用	12,000.00	125,400.00
其中：利息费用		
利息收入		
加：其他收益		
投资收益（损失以“－”号填列）		
其中：对联营企业和合营企业的投资收益		
以摊余成本计量的金融资产终止确认收益（损失以“－”号填列）		
净敞口套期收益（损失以“－”号填列）		
公允价值变动收益（损失以“－”号填列）		
信用减值损失（损失以“－”号填列）		
资产减值损失（损失以“－”号填列）		
资产处置收益（损失以“－”号填列）		
二、营业利润（亏损以“－”号填列）	84,729.99	445,068.77
加：营业外收入		
减：营业外支出		
三、利润总额（亏损总额以“－”号填列）	84,729.99	445,068.77
减：所得税费用		
四、净利润（净亏损以“－”号填列）	84,729.99	445,068.77
（一）持续经营净利润（净亏损以“－”号填列）	84,729.99	445,068.77
（二）终止经营净利润（净亏损以“－”号填列）		
五、其他综合收益的税后净额		
（一）不能重分类进损益的其他综合收益		
1. 重新计量设定受益计划变动额		
2. 权益法下不能转损益的其他综合收益		

续表

项目	本月数	本年累计数
3. 其他权益工具投资公允价值变动		
4. 企业自身信用风险公允价值变动		
（二）将重分类进损益的其他综合收益		
1. 权益法下可转损益的其他综合收益		
2. 其他债权投资公允价值变动		
3. 金融资产重分类计入其他综合收益的金额		
4. 其他债权投资信用减值准备		
5. 现金流量套期储备		
6. 外币财务报表折算差额		
六、综合收益总额	84,729.99	445,068.77
七、每股收益：		
（一）基本每股收益		
（二）稀释每股收益		

会计主管：何某　　　　审核：伍某　　　　制表：周某

5.3.2 利润表的作用

利润表通过对企业经营成果的反映，提供给会计报表使用者相关信息，让他们对投资的价值和报酬进行评估，它的作用主要有以下几个方面。

（1）提供经营成果的分配依据

利润表反映企业一定会计期间内的营业收入、营业成本、营业费用和税金及附加、所有期间费用和营业外收支等信息，最终计算出该会计期间内企业的利润，作为分配依据。

（2）综合反映生产经营的各个方面

利润表通过本企业各个会计期间的纵向对比和与外部同行业企业的横向对比，有助于考核企业管理层的工作业绩；还可以通过利润表中所反映的收入、成本费用、利润等项目与企业生产经营预算进行对比，考核生产计划的完成情况。

（3）分析企业的获利能力

有助于报表使用者预测企业未来的发展前景，进行投资决策，同时，也给报表使用者预测企业未来的现金流量提供依据。利润表详细说明了企业经营利润、投资净收益和营业外收支净额等项目，为分析企业的盈利水平、评估企业的获利能力提供了可能性。

5.3.3 利润表的编制

利润表的编制相对资产负债表来说稍简单一些，其数据的来源大部分可以根据相对应的科目直接取得，加或减的计算要比资产负债表少一些，下面我们就来看一看利润表是如何编制的。

（1）利润表编制的步骤

利润表编制的步骤，可以按照其表格中各主要项目的逻辑顺序来进行。

第一步，以营业收入为基数，减去营业成本、税金及附加、销售费用、管理费用、研发费用、财务费用、资产减值损失，然后加上公允价值变动收益减去公允价值变动损失、加上投资收益减去投资损失后，得出的结果为营业利润。

第二步，在计算出来的营业利润的基础上，加上营业外收入，减去营业外支出，得出利润总额。

第三步，也就是算净利润，净利润在利润总额的基础上，减去所得税费用即可。

第四步，其他综合收益的税后净额包括不能重分类进损益的其他综合收益和将重分类进损益的其他综合收益等项目。

第五步，综合收益总额为净利润加上其他综合收益的税后净额。

第六步，每股收益包括基本每股收益和稀释每股收益两项。

（2）利润表的具体填列

利润表中各项目分列为“本月数”和“本年累计数”两列，其“本年累计数”为自年初起至本月末止的累计发生数。根据上月利润表的“本年累计数”栏各项目数额，加上本月利润表“本月数”栏各项目数额的合计数填列。

目前使用的利润表中有一些分列为“本期金额”和“上期金额”两列，“上期金额”的各项数字应根据上年度同期利润表的“本期金额”填列。

利润表各项目“本月数”的填列方式具体如下：

①“营业收入”项目，该项目应根据“主营业务收入”和“其他业务收入”科目的发生额分析填列。

②“营业成本”项目，该项目应根据“主营业务成本”和“其他业务成本”科目的发生额分析填列。

③“税金及附加”项目，反映企业经营业务应负担的消费税、城市维护建设税、教育费附加、资源税、土地增值税、房产税、车船税、城镇土地使用税、印花税、环境保护税等相关税费。本项目应根据“税金及附加”科目的发

生额分析填列。

④“销售费用”项目，该项目应根据“销售费用”科目的发生额分析填列。

⑤“管理费用”项目，该项目应根据“管理费用”科目的发生额分析填列。

⑥“研发费用”项目，反映企业研究与开发过程中发生的费用化支出以及计入管理费用的自行开发无形资产的摊销。该项目应根据“管理费用”科目下的“研发费用”明细科目的发生额，以及“管理费用”科目下“无形资产摊销”明细科目的发生额分析填列。

⑦“财务费用”项目，该项目应根据“财务费用”科目的相关明细科目发生额分析填列。其中：“利息费用”项目，反映企业为筹集生产经营所需资金等而发生的应予费用化的利息支出，该项目应根据“财务费用”科目的相关明细科目的发生额分析填列；“利息收入”项目，反映企业应冲减财务费用的利息收入，该项目应根据“财务费用”科目的相关明细科目的发生额分析填列。

⑧“其他收益”项目，反映计入其他收益的政府补助，以及其他与日常活动相关且计入其他收益的项目。该项目应根据“其他收益”科目的发生额分析填列。

⑨“投资收益”项目，该项目应根据“投资收益”科目的发生额分析填列。如为投资损失，本项目以“-”号填列。

⑩“公允价值变动收益”项目，该项目应根据“公允价值变动损益”科目的发生额分析填列，如为净损失，本项目以“-”号填列。

⑪“资产减值损失”项目，该项目应根据“资产减值损失”科目的发生额分析填列。

⑫“营业外收入”项目，该项目应根据“营业外收入”科目的发生额分析填列。

⑬“营业外支出”项目，该项目应根据“营业外支出”科目的发生额分析填列。

⑭“所得税费用”项目，该项目应根据“所得税费用”科目的发生额分析填列。

⑮“每股收益”项目，包括基本每股收益和稀释每股收益两项指标，反映普通股或潜在普通股已公开交易的企业，以及正处在公开发行普通股或潜在普通股过程中的企业的每股收益信息。

如营业利润、利润总额、净利润等就按照前面所述的步骤计算填列即可，如为亏损，以“-”号填列。

读者同样可以模拟前述各章中所提供的深某某有限公司的业务来往，练习如何编制一份利润表，如表 5-4 所示。

表 5-4　深某某有限公司 12 月利润表

利润表

会企 02 表

编制单位：深某某有限公司　　　　20×× 年 12 月　　　　单位：元

项目	本月数	本年累计数
一、营业收入	455,183.21	4,636,578.49
减：营业成本	224,754.39	2,917,158.09
税金及附加	3,232.00	35,626.79
销售费用	31,752.13	382,070.93
管理费用	55,692.62	591,501.84
研发费用		0.00
财务费用	12,000.00	137,400.00
其中：利息费用		
利息收入		
加：其他收益		
投资收益（损失以“−”号填列）		
其中：对联营企业和合营企业的投资收益		
以摊余成本计量的金融资产终止确认收益（损失以“−”号填列）		
净敞口套期收益 (损失以“−”号填列）		
公允价值变动收益（损失以“−”号填列）		
信用减值损失（损失以“−”号填列）		
资产减值损失（损失以“−”号填列）		
资产处置收益（损失以“−”号填列）		
二、营业利润（亏损以“−”号填列）	127,752.07	572,820.84
加：营业外收入		
减：营业外支出		
三、利润总额 (亏损总额以“−”号填列）	127,752.07	572,820.84
减：所得税费用	28,641.04	28,641.04
四、净利润（净亏损以“−”号填列）	99,111.03	544,179.80
（一）持续经营净利润（净亏损以“−”号填列）		
（二）终止经营净利润（净亏损以“−”号填列）		

续表

项目	本月数	本年累计数
五、其他综合收益的税后净额		
（一）不能重分类进损益的其他综合收益		
1. 重新计量设定受益计划变动额		
2. 权益法下不能转损益的其他综合收益		
3. 其他权益工具投资公允价值变动		
4. 企业自身信用风险公允价值变动		
（二）将重分类进损益的其他综合收益		
1. 权益法下可转损益的其他综合收益		
2. 其他债权投资公允价值变动		
3. 金融资产重分类计入其他综合收益的金额		
4. 其他债权投资信用减值准备		
5. 现金流量套期储备		
6. 外币财务报表折算差额		
六、综合收益总额	99,111.03	544,179.80
七、每股收益：		
（一）基本每股收益		
（二）稀释每股收益		

会计主管：何某　　　　审核：伍某　　　　制表：周某

5.4　现金流量表

现金流量表是财务报表中的三个基本报表之一，它是反映一定会计期间现金和现金等价物流入和流出的报表。对于文字中提到的现金，读者可不要光从字面意思理解，它在会计上是指企业的库存现金以及可以随时用于支付的存款，包括库存现金、银行存款和其他货币资金。而现金等价物是指企业持有的期限短（从购买日起 3 个月内到期）、流动性强、易于转换成确定金额现金且价值变动风险很小的投资。

5.4.1　现金流量表的结构

现金流量表的结构从大的项目来分有以下三类。

（1）经营活动产生的现金流量

（2）投资活动产生的现金流量

（3）筹资活动产生的现金流量

我国现金流量表采用报告式的结构，分别反映了上述三类现金流量，并在最后汇总反映企业某个会计期间现金及现金等价物的净增加额。其格式见表 5-5。

表 5-5　现金流量表格式

现金流量表

会企 02 表

编制单位：深某某有限公司　　20×× 年 1 月　　单位：元

项目	本期金额	上期金额（略）
一、经营活动产生的现金流量：		
销售商品、提供劳务收到的现金	55,814.03	
收到的税费返还	1,674.43	
收到其他与经营活动有关的现金	38.56	
经营活动现金流入小计	57,527.02	
购买商品、接受劳务支付的现金	31,212.86	
支付给职工以及为职工支付的现金	21,092.36	
支付的各项税费	850.23	
支付其他与经营活动有关的现金	5,946.72	
经营活动现金流出小计	59,102.17	
经营活动产生的现金流量净额	−1,575.15	
二、投资活动产生的现金流量：		
收回投资收到的现金		
取得投资收益收到的现金		
处置固定资产、无形资产和其他长期资产收回的现金净额		
处置子公司及其他营业单位收到的现金净额		
收到其他与投资活动有关的现金		
投资活动现金流入小计		
购建固定资产、无形资产和其他长期资产支付的现金		
投资支付的现金		
取得子公司及其他营业单位支付的现金净额		
支付其他与投资活动有关的现金		
投资活动现金流出小计		
投资活动产生的现金流量净额		

续表

项目	本期金额	上期金额（略）
三、筹资活动产生的现金流量：		
吸收投资收到的现金		
取得借款收到的现金		
收到其他与筹资活动有关的现金		
筹资活动现金流入小计		
偿还债务支付的现金		
分配股利、利润或偿付利息支付的现金		
支付其他与筹资活动有关的现金		
筹资活动现金流出小计		
筹资活动产生的现金流量净额		
四、汇率变动对现金及现金等价物的影响		
五、现金及现金等价物净增加额	−1,575.15	
加：期初现金及现金等价物余额	513,336.20	
六、期末现金及现金等价物余额	511,761.05	

会计主管：何某　　审核：伍某　　制表：周某

5.4.2 现金流量表的意义和作用

任何企业的经营管理活动的过程都是由现金从始至终贯穿的，从现金到存货、应收账款再到现金的转换，是企业生存和发展的不断循环。企业现金是否运转顺畅关系着企业的生存与发展，保持现金的流入管道与流出管道的均衡，在企业管理上是一个重大的问题。

因此现金流量表的编制对于投资者、企业管理者及其他利益相关者来说，都具有十分重要的意义和作用。

5.4.2.1 现金流量表的意义

（1）弥补资产负债表信息量的不足

① 资产负债表反映企业资产和负债的“总额”“结构”“资源”，它对资产、负债、所有者权益三个会计要素的期末余额进行编制，而对发生额没有充分利用，并没有说明一个企业的资产、负债和所有者权益为什么发生变化。

② 根据资产负债表的平衡公式，我们可以将其转变成“现金 = 负债 + 所有者权益 − 非现金资产”，因此，可以发现，现金的增减变动是受公式右边因素影响的，负债、所有者权益的增加（减少）导致现金的增加（减少），非现

金资产的减少（增加）导致现金的增加（减少），这样账簿的资料能够得到充分的利用，现金变动原因的信息能得到充分的揭示。

（2）便于从现金流量的角度对企业进行考核

① 对于企业来说，有盈利代表企业经营良好。利润表中的利润是根据权责发生制核算出来的，其所体现的利润与现金流量表是不一致的。所得的利润并不代表实际能得到的现金资产，如果有利润而银行户上没有现金资产的收回，缺乏购买与支付能力，再多的利润也会使企业陷入致命的境地，难以挽回。因此，通过利润表不能反映企业现金流量在管理中存在的缺陷。

② 通过编制收付实现制的现金流量表，可以弥补上述缺陷，它通过划分经营活动、投资活动、筹资活动，按类对企业某个会计时期现金流量的流入、流出及流入流出的数额和现金流量净额进行说明，可以清晰地呈现企业的现金从哪里来又用到哪里去，也对利润表中的利润没有变为现金流量的原因做出了全面合理的解释。

（3）了解企业筹措现金、获取现金的能力

① 现金好比是企业生存发展过程中的命脉。企业可以通过筹资吸收投资者的投资或者借款借入企业债权人的资金，这两者都会导致企业责任的加重。吸收投资，增加企业受托责任；借入资金，增加资金成本。

② 另一条现金来源的渠道就是企业在自身的经营过程中获取利润，这也是企业现金来源的主要渠道。

③ 通过企业经营过程中对各项现金流量的了解，可以知道企业在内外筹措了多少现金，这些现金来源的组成，以及是否按计划将各类现金用到了扩大企业生产规模、购置固定资产、补充流动资金上面，从而为企业管理层提供重要的决策信息，这些都是资产负债表和利润表所不能提供的。

5.4.2.2 现金流量表的作用

现金流量表的作用主要有以下几点：

① 反映企业的现金流量，对企业未来产生现金流量的能力进行评价。

② 分析企业偿还债务、支付投资利润的能力，评价和判断企业的财务状况。

③ 分析净收益与现金流量之间的差异，并据此查找差异产生的原因，对各类原因采取有效的措施，加快现金流入，保持现金流量流入与流出的均衡。

④ 通过现金流量表，对企业的现金投资与融资、非现金投资与融资进行分析，全面了解企业的财务状况。

5.4.3 现金流量表的编制

读者在编制现金流量表时一定要把现金及现金等价物看作一个整体，在这个整体范围内发生的如银行提取现金、用现金购买短期债券等现金和现金等价物之间的转换不作为现金流量在表中核算。

（1）现金流量表的编制方法

现金流量表采用直接法进行编制，也就是说将现金收入来源和现金支出去向的主要类别列示在表中。采用直接法进行现金流量表的具体编制工作时，可以采用工作底稿法和T形账户法，也可以直接根据有关科目记录进行分析后填列。

工作底稿法是指以工作底稿为基础，根据利润表和资产负债表的数据，对每一项目进行分析并编制调整分录，再编制出现金流量表的方法。

T形账户法同样以利润表和资产负债表为基础，并结合有关科目的记录，对现金流量表的项目进行分析并编制调整分录，再进一步编制现金流量表。

（2）现金流量主表的具体编制

现金流量表主要项目的具体填列方法如下：

①“销售商品、提供劳务收到的现金”项目，反映企业本期销售商品、提供劳务收到的现金，以及前期销售商品、提供劳务本期收到的现金（包括应向购买者收取的增值税销项税额）和本期预收的款项，减去本期销售本期退回商品和前期销售本期退回商品支付的现金。企业销售材料和代购代销业务收到的现金，也在本项目中反映。

②“收到的税费返还”项目，反映企业收到返还的所得税、增值税、消费税、关税和教育费附加等各种税费返还款。

③“收到其他与经营活动有关的现金”项目，反映企业经营租赁收到的租金等其他与经营活动有关的现金流入，金额较大的应当单独列示。

④“购买商品、接受劳务支付的现金”项目，反映企业本期购买商品、接受劳务实际支付的现金（包括增值税进项税额），以及本期支付前期购买商品、接受劳务的未付款项和本期预付款项，减去本期发生的购货退回收到的现金。企业购买材料和代购代销业务支付的现金，也在本项目中反映。

⑤“支付给职工以及为职工支付的现金”项目，反映企业实际支付给职工的工资、奖金、各种津贴和补贴等职工薪酬（包括代扣代缴的职工个人所得税）。

⑥“支付的各项税费”项目，反映企业发生并支付、前期发生本期支付以及预交的各项税费，包括所得税、增值税、消费税、印花税、房产税、土地增值税、车船税、教育费附加等。

⑦“支付其他与经营活动有关的现金”项目，反映企业支付的按租赁准则简化处理的短期租赁付款额和低价值资产租赁付款额以及未纳入租赁负债的可变租赁付款额、支付的按租赁准则简化处理的短期租赁和低价值资产租赁相关的预付租金和租赁保证金，支付的差旅费、业务招待费、保险费、罚款支出等其他与经营活动有关的现金流出，金额较大的应当单独列示。

⑧“收回投资收到的现金”项目，反映企业出售、转让或到期收回除现金等价物以外的对其他企业长期股权投资等收到的现金，但处置子公司及其他营业单位收到的现金净额除外。

⑨“取得投资收益收到的现金”项目，反映企业除现金等价物以外的对其他企业的长期股权投资等分回的现金股利和利息等。

⑩“处置固定资产、无形资产和其他长期资产收回的现金净额”项目，反映企业出售、报废固定资产、无形资产和其他长期资产所取得的现金（包括因资产毁损而收到的保险赔偿收入），减去为处置这些资产而支付的有关费用后的净额。

⑪“处置子公司及其他营业单位收到的现金净额”项目，反映企业处置子公司及其他营业单位所取得的现金，减去相关处置费用以及子公司及其他营业单位持有的现金和现金等价物后的净额。

⑫“购建固定资产、无形资产和其他长期资产支付的现金”项目，反映企业购买、建造固定资产，取得无形资产和其他长期资产所支付的现金（含增值税款等），以及用现金支付的应由在建工程和无形资产负担的职工薪酬。

⑬“投资支付的现金”项目，反映企业取得除现金等价物以外的对其他企业的长期股权投资等所支付的现金以及支付的佣金、手续费等附加费用，但取得子公司及其他营业单位支付的现金净额除外。

⑭“取得子公司及其他营业单位支付的现金净额”项目，反映企业购买子公司及其他营业单位购买出价中以现金支付的部分，减去子公司及其他营业单位持有的现金和现金等价物后的净额。

⑮“收到其他与投资活动有关的现金”“支付其他与投资活动有关的现金”项目，反映企业除上述（8）至（14）项目外收到或支付的其他与投资活动有关的现金，金额较大的应当单独列示。

⑯“吸收投资收到的现金”项目，反映企业以发行股票、债券等方式筹集资金实际收到的款项（发行收入减去支付的佣金等发行费用后的净额）。

⑰“取得借款收到的现金”项目，反映企业举借各种短期、长期借款而收到的现金。

⑱“偿还债务支付的现金”项目，反映企业为偿还债务本金而支付的现金。

⑲“分配股利、利润或偿付利息支付的现金”项目，反映企业实际支付的现金股利、支付给其他投资单位的利润或用现金支付的借款利息、债券利息。

⑳“收到其他与筹资活动有关的现金”“支付其他与筹资活动有关的现金”项目，反映企业除上述（16）至（19）项目外收到或支付的其他与筹资活动有关的现金，金额较大的应当单独列示。

㉑汇率变动对现金及现金等价物的影响，反映下列两个金额之间的差额：企业外币现金流量折算为记账本位币时，采用现金流量发生日的即期汇率或按照系统合理的方法确定的、与现金流量发生日即期汇率近似的汇率折算的金额（编制合并现金流量表时，折算境外子公司的现金流量，应当比照处理）；企业外币现金及现金等价物净增加额按资产负债表日即期汇率折算的金额。

5.5 其他财务报表

财务报表除了本章前面所述的资产负债表、利润表、现金流量表外，还包括所有者权益变动表和财务报表附注等，虽然这两个财务报表不是会计工作中必须编制的，但是作为会计人员也应当对它们有所了解。

5.5.1 所有者权益变动表

所有者权益变动表，是反映组成企业所有者权益的各个部分当期的增减变动情况的报表。

5.5.1.1 所有者权益变动表的内容和格式

所有者权益变动表以矩阵的形式列示，分为“本年金额”和“上年金额”两列，包括了所有者权益的来源项目（组成部分）和导致所有者权益变动的交易或事项。所有者权益变动表的格式如表 5-6 所示。

表 5-6　所有者权益变动表的格式

所有者权益变动表

会企 04 表

编制单位：深某某有限公司　　　　20×× 年度　　　　单位：元

项目	本年金额											上年金额（略）										
	实收资本	其他权益工具			资本公积	减库存股	其他综合收益	专项储备	盈余公积	未分配利润	所有者权益合计	实收资本	其他权益工具			资本公积	减库存股	其他综合收益	专项储备	盈余公积	未分配利润	所有者权益合计
		优先股	永续债	其他									优先股	永续债	其他							
一、上年年末余额	500,000.00										500,000.00											
加：会计政策变更																						
前期差错更正																						
其他																						
二、本年年初余额	500,000.00										500,000.00											
三、本年增减变动金额（减少以“－”）																						
（一）综合收益总额										544,179.80	544,179.80											
（二）所有者投入和减少资本																						
1. 所有者投入的普通股																						
2. 其他权益工具持有者投入资本																						
3. 股份支付计入所有者权益的金额																						
4. 其他																						

续表

项目	本年金额											上年金额（略）										
	实收资本	其他权益工具			资本公积	减库存股	其他综合收益	专项储备	盈余公积	未分配利润	所有者权益合计	实收资本	其他权益工具			资本公积	减库存股	其他综合收益	专项储备	盈余公积	未分配利润	所有者权益合计
		优先股	永续债	其他									优先股	永续债	其他							
（三）利润分配																						
1. 提取盈余公积																						
2. 对所有者（或股东）的分配																						
3. 其他																						
（四）所有者权益内部结转																						
1. 资本公积转增资本（或股本）																						
2. 盈余公积转增资本（或股本）																						
3. 盈余公积弥补亏损																						
4. 设定受益计划变动额结转留存收益																						
5. 其他综合收益结转留存收益																						
6. 其他																						
四、本年年末余额	500,000.00									544,179.80	1,044,179.80											

5.5.1.2 所有者权益变动表的填列方法

(1)“上年年末余额”项目与“本年年初余额”项目

“上年年末余额”项目反映企业上年资产负债表中实收资本(或股本)、其他权益工具、资本公积、库存股、其他综合收益、专项储备、盈余公积、未分配利润的年末余额,也为“本年年初余额”。

(2)“会计政策变更”“前期差错更正”项目

“会计政策变更”“前期差错更正”项目分别反映企业采用追溯调整法处理的会计政策变更的累积影响金额和采用追溯重述法处理的会计差错更正的累积影响金额。

(3)“本年增减变动金额”项目

“本年增减变动金额”项目反映所有者权益各项目本年增减变动的金额,具体内容如下:

①“综合收益总额”项目,反映净利润和其他综合收益扣除所得税影响后的净额相加后的合计金额。

②“所有者投入和减少资本”项目,反映企业当年所有者投入的资本和减少的资本。本项目内容包括:“所有者投入的普通股”项目,反映企业接受投资者投入形成的实收资本(或股本)和资本溢价(或股本溢价);“其他权益工具持有者投入资本”项目,反映企业发行的除普通股以外分类为权益工具的金融工具的持有者投入资本的金额;“股份支付计入所有者权益的金额”项目,反映企业处于等待期中的权益结算的股份支付当年计入资本公积的金额。

③“利润分配”项目,反映企业当年的利润分配金额。

④“所有者权益内部结转”项目,反映企业构成所有者权益的组成部分之间当年的增减变动情况。本项目内容包括:

a.“资本公积转增资本(或股本)”项目,反映企业当年以资本公积转增资本(或股本)的金额。

b.“盈余公积转增资本(或股本)”项目,反映企业当年以盈余公积转增资本(或股本)的金额。

c.“盈余公积弥补亏损”项目,反映企业当年以盈余公积弥补亏损的金额。

d.“设定受益计划变动额结转留存收益”项目,反映企业因重新计量设定受益计划净负债或净资产所产生的变动计入其他综合收益,结转至留存收益的金额。

e.“其他综合收益结转留存收益”项目,主要反映以下两点内容。第一,企业指定为以公允价值计量且其变动计入其他综合收益的非交易性权益工具投资终止确认时，之前计入其他综合收益的累计利得或损失从其他综合收益中转入留存收益的金额；第二，企业指定为以公允价值计量且其变动计入当期损益的金融负债终止确认时，之前由企业自身信用风险变动引起而计入其他综合收益的累计利得或损失从其他综合收益中转入留存收益的金额等。

（4）“本年年末余额”项目

“本年年末余额”项目根据上述内容进行加减运算得出。

5.5.2 财务报表附注

财务报表附注是对财务报表的编制基础、编制依据、编制原则和方法及其他主要事项等的说明，以便于财务报表使用者理解财务报表的内容而编制的。它是对财务报表的补充说明，同样在财务会计报告体系中发挥着重要的作用。

财务报表附注包括的内容并无确切的规定，针对不同企业、不同经营管理者的需要，其内容和数据的详细程度也不一样。一般来说，财务报表附注包括的内容有以下几点。

（1）企业的一般信息

（2）企业的会计政策

（3）财务报表主要项目附注

① 报表重要项目的说明。

② 重要事项的披露。

5.5.3 其他常用企业内部报表

上述资产负债表、利润表、现金流量表、所有者权益变动表及财务报表附注均为企业对外提供的依据相关会计法规进行编制的报表，它们的格式、编制方法等均应按照法规制度严格操作。但各个企业自身特点不同，针对不同的经营模式和管理要求，往往还需要编制很多适合企业内部管理的报表，比如货币资金变动情况表、应收账款常用账表、固定资产常用账表等。在本小节中，笔者将对常用的一些内部报表加以简述。

（1）货币资金变动情况表

在企业内部管理人员需要对企业每日货币资金的流向、结存等情况进行了解时，企业会计人员（出纳）就可以根据每日库存现金、银行存款和其他货币资金的流动情况，依据“期初余额＋本期收入－本期支出＝期末余额”的计算进行编制。

各企业可以根据管理层的需要结合企业自身的情况进行编制，货币资金变动情况表的一般格式如表 5-7 所示。

表 5-7　货币资金变动情况表

货币资金变动情况表

编制单位：深某某有限公司　　　　20×× 年 12 月 5 日　　　　单位：元

项目		银行存款			现金	其他货币资金			合计
		建设银行	工商银行	……		银行本票	银行汇票	……	
昨日账面余额		351,300.00			5,100.00				356,400.00
本日增加金额		26,900.00			1,300.00				28,200.00
其中：	营业收入								0.00
	融资收入								0.00
	账款收回	26,900.00							26,900.00
	投资收回								0.00
	其他收进				1,300.00				1,300.00
本日减少金额		35,100.00			500.00				35,600.00
其中：	营业支出								0.00
	归还借款								0.00
	归还账款	35,100.00							35,100.00
	投资支出								0.00
	内部借款				500.00				500.00
	其他支出								0.00
本日账面余额		343,100.00			5,900.00				349,000.00
加：	未记账增加								0.00
减：	未记账减少								0.00
本日实际余额		343,100.00			5,900.00				349,000.00
备注：									

会计主管：何某　　　　复核：伍某　　　　出纳：郭某　　　　制表：李某

（2）应收账款常用账表

在企业日常经济活动过程中，应收账款的周转及收回情况往往是管理层关注的重点，对于应收账款，会计人员经常编制的表格有如下几种。

① 应收账款月报表：反映本月各客户应收账款额度的增减变化情况。示例如表 5-8。

表 5-8 应收账款月报表

应收账款月报表

20×× 年 12 月 31 日 单位：元

序号	客户名称	月初余额	本月增加	本月减少	月末余额	账款类别
1	仁兴公司	50,000.00	20,000.00	50,000.00	20,000.00	
2	康乐公司	30,000.00	20,000.00	20,000.00	30,000.00	
3	大发器具厂	70,000.00	40,000.00	60,000.00	50,000.00	
……	……	……	……	……	……	……
合计		148,690.61	115,660.00	135,600.00	128,750.61	

会计主管：何某 复核：伍某 制表：李某

② 应收账款账龄分析表：反映企业应收账款的组成情况，据以计算坏账准备，对过长期限的应收账款，采取相应措施，减少坏账损失。示例如表 5-9。

表 5-9 应收账款账龄分析表

应收账款账龄分析表

编制单位：深某某有限公司 20×× 年 12 月 31 日 单位：元

账龄	仁兴公司		康乐公司		大发器具厂		……		合计	
	金额	比重/%	金额	比重/%	金额	比重/%	金额	比重/%	金额	比重/%
折扣期内	20,000.00	100.00%	20,000.00	66.67%	40,000.00	80.00%			80,000.00	80.00%
过折扣期但未到期										
过期1～30天			10,000.00	33.33%					10,000.00	10.00%
过期31～60天					10,000.00	20.00%			10,000.00	10.00%
过期61～90天										
过期91～180天										
过期181天以上										
合计	20,000.00	100.00%	30,000.00	100.00%	50,000.00	100.00%	0.00	0.00%	100,000.00	100.00%

会计主管：何某 复核：伍某 制表：李某

③ 问题账款报告书：在某一客户应收账款出现问题时，报批上级主管进行审批，根据审批处理意见对该应收账款进行账务处理（确认坏账损失、继续记应收账款等），表格格式如表 5-10 所示。

表 5-10　问题账款报告书

问题账款报告书

<table>
<tr><td rowspan="7">基本资料栏</td><td>客户名称</td><td colspan="3">鸿运 ×× 设备有限公司</td></tr>
<tr><td>公司地址</td><td></td><td>电话</td><td>020-8156××××</td></tr>
<tr><td>工厂地址</td><td>广州白云区</td><td>传真</td><td>020-8156××××</td></tr>
<tr><td>负责人</td><td>蒋某某</td><td>联系人</td><td>刘某</td></tr>
<tr><td>开始往来时间</td><td>20×× 年 5 月 20 日</td><td>交易项目</td><td>A 产品</td></tr>
<tr><td>平均每月交易额</td><td>35,000.00</td><td>授信额度</td><td>20,000.00</td></tr>
<tr><td>问题账金额</td><td colspan="3">15,000.00</td></tr>
<tr><td>问题账形成原因</td><td colspan="4">客户资金周转困难，无法还清此款，超额 180 天</td></tr>
<tr><td>处理意见</td><td colspan="4">将款项转作坏账损失，日后若收回再作冲销处理</td></tr>
<tr><td>附件明细</td><td colspan="4"></td></tr>
</table>

审批：李某　　复核：何某　　报告人：伍某　　日期：20×× 年 10 月 15 日

（3）固定资产常用账表

固定资产是企业必要的生产工具，是企业的主要劳动资料，在企业资产中占有极其重要的地位，因此对固定资产进行合理的管理，能使其充分发挥作用。在会计人员日常工作中，对固定资产的管理常通过以下表格来实现。

① 固定资产增加单：对企业取得的固定资产进行登记，留档备查。示例见表 5-11。

表 5-11　固定资产增加单

固定资产增加单

<table>
<tr><td>资产名称</td><td>空压机</td><td>取得日期</td><td>20×× 年 6 月 28 日</td><td colspan="3">资产成本记录</td></tr>
<tr><td>资产编号</td><td>SCQY001</td><td>数量</td><td>壹台</td><td>设备内容</td><td>数量</td><td>取得成本</td></tr>
<tr><td>规格型号</td><td>7.5HP</td><td>取得金额</td><td>6,000.00</td><td></td><td></td><td>6,000.00</td></tr>
<tr><td>厂牌</td><td></td><td>耐用年限</td><td>5 年</td><td></td><td></td><td></td></tr>
<tr><td>存放地点</td><td>生产车间</td><td>残值率</td><td>5%</td><td></td><td></td><td></td></tr>
<tr><td>附属设备</td><td></td><td>月折旧额</td><td>95.00</td><td>合计</td><td></td><td>6,000.00</td></tr>
<tr><td>备注</td><td colspan="6"></td></tr>
<tr><td colspan="2">财产管理部门负责人</td><td>刘某</td><td>使用部门负责人</td><td>张某</td><td>会计主管</td><td>何某</td></tr>
</table>

本单一式三联，白联交由财产管理部门、蓝联交由使用部门、红联递交会计部门。

② 固定资产累计折旧明细表：反映企业本月固定资产折旧情况。示例如表 5-12。

表 5-12　固定资产累计折旧明细表

固定资产累计折旧明细表

单位名称：深某某有限公司　　20×× 年 12 月 31 日　　单位：元

序号	资产名称	型号（规格）	类别	单位	数量	购置日期	原价	预计使用年限 / 年	残值率 /%	已计提折旧额	本月折旧额	净值
1	电脑	HP	办公设备	台	1	20××.12	3,100.00	3	5	981.72	81.81	2,118.28
2	打印机	HP	办公设备	台	1	20××.01	2,300.00	3	5	667.59	60.69	1,632.41
	……											
合计												

会计主管：何某　　复核：伍某　　制表：李某

本表需按办公设备、机器设备等分类明确填写。

（4）预算类常用表格

随着企业会计由事后反映到事中控制再到事前预算的一个发展过程，预算会计越来越明显地体现出了它的重要作用，有些企业已经在会计部门中专门设立了预算会计岗位。下面所提到的表格是企业日常预算中经常使用到的。

① 财务预算申请表：应由财务部门组织，企业各部门予以配合，将各部门自身所需要的资金数额预算表交由财务部门，再由财务部门统一填制财务预算申请表。示例如表 5-13。

表 5-13　财务预算申请表

财务预算申请表

编号：YS001　　20×× 年 1 月 5 日　　单位：元

序号	预算项目	上年度实际支出	本年度预算申报金额	用途	说明
1	材料支出	300,000.00	350,000.00	用于支付生产所需各项主要材料款	本年度预计比上年度生产增长 1.1%
2	工资支出	119,000.00	123,000.00	支付公司所有人员工资	
	……				
	合计				
审核意见					

审批：蒋某　　复核：何某　　制表：伍某

② 年度生产预算表：由销售部门和生产部门协商填写，示例如表 5-14。

表 5-14　年度生产预算表

年度生产预算表

编制部门：生产部　　20×× 年 1 月 3 日　　单位：件

季度预算项目		第一季度	第二季度	第三季度	第四季度	全年
产品A	预计销售量	20000	30000	35000	30000	115000
	加：预计期末库存	5000	5000	5000	5000	20000
	预计需要量	25000	35000	40000	35000	135000
	减：期初库存	3000	3000	3000	3000	12000
	预计生产量	22000	32000	37000	32000	123000
产品B	预计销售量	……				
	加：预计期末库存	……				
	预计需要量	……				
	减：期初库存	……				
	预计生产量	……				

审批：蒋某　　复核：邓某　　制表：刘某

③ 年度销售预算表：由销售部门填列，示例如表 5-15。

表 5-15　年度销售预算表

年度销售预算表

编制部门：销售部　　20×× 年 1 月 3 日

销售产品		第一季度	第二季度	第三季度	第四季度	全年
产品A	预计销售量 / 件	20000	30000	35000	30000	115000
	销售单价 / 元	0.80				
	预计销售额 / 元	16,000	24,000	28,000	24,000	92,000
产品B	预计销售量 / 件	……				
	销售单价 / 元	……				
	预计销售额 / 元	……				
……						
预计销售额合计						

审批：蒋某　　复核：李某　　制表：李某

④ 年度利润预算表：企业各预算表组成了一套完整的预算体系，在各部门的预算表编制完成后，由财务部门综合编制年度利润预算表。示例如表 5-16。

表 5-16　年度利润预算表

年度利润预算表

预算编制单位：财务部　　　　20×× 年 1 月 15 日　　　　单位：元

月份 项目	1 月	2 月	……	合计
一、主营业务收入	1,315,690.33	……		
减：主营业务成本	838,010.91	……		
税金及附加	53,762.13	……		
二、主营业务利润	423,917.29	……		
减：管理费用	239,141.36	……		
财务费用	3,463.86	……		
销售费用	24,088.97	……		
三、营业利润	157,223.10	……		
加：其他业务利润	0.00	……		
投资收益	0.00	……		
营业外收支净额	268.00	……		
四、利润总额	157,491.10	……		
减：所得税费用	39,372.75	……		
五、净利润	118,118.35	……		

审批：蒋某　　　　复核：何某　　　　制表：伍某

上述各类企业内部报表，其格式和内容并不是固定的，读者可结合自身所在企业的特点和管理要求进行格式的变动和内容的删减。

5.5.4 会计报表的装订

会计人员在每月完成会计报表的编制并及时报送后，应将企业留存的报表按月装订成册，妥善保管。装订时应按如下要求进行。

① 在会计报表装订前要按编报的目录进行核对，查看所有报表是否齐全，各报表表页是否完整，保持报表页面整洁、防止折角。如有损坏的，应将损坏部分粘贴修补之后进行装订。

② 整理好的会计报表应按会计报表封面—会计报表编制说明—各种会计报表（按报表编号排序）—会计报表封底的顺序进行装订，装订好的凭证按保管期限编制卷号，按年分月妥善保管。

5.6 小结

虽然目前大部分企业已经实现了会计电算化，但是有不少小企业因为资金和管理的原因仍在使用手工会计做账。

对于手工做账来说，编制会计报表，数据繁多，编制工作量比较大，而且容易出错。除了在日常工作中要保持认真仔细的态度外，会计人员还应讲究有效的工作方法。对于会计报表的准确与否，可以通过各报表之间、报表与账簿之间存在的勾稽关系来核查；另外，在电脑普及的现代社会，就算没有专门的会计核算软件，财务人员也应该尽可能地利用各种办公软件，特别是Excel。熟练地运用办公软件后，完全可以自己编制一套电子报表，这样，既可以提高工作效率，还能简单快捷又准确无误地完成各项工作。

第6章 完工交验
——报税

税务部门是会计人员在工作中需要经常面对的外部单位之一，每月末、每季末和每年末都要按照相关的规定，在指定的时间内将这一期间内的财务报表申报至国家或地方税务局，以此作为国家或地方向企业征收税款的依据。如果把税务部门作为一个验收企业财务报表、了解企业经营状况的外部单位，那么报税就是一个将前面所做的各项工作归结成会计报表，然后向税务部门申报纳税的过程。

6.1 企业税种的核定

会计人员特别是会计新手，面对报税首先要解决的就是该到哪些部门报税，以及到这些部门报何种税的问题。本节将带领读者一一回答这些问题。

我国现行的税制实体法将各项税种按性质和作用分为五类：

① 流转税类，包括增值税、消费税、关税。

② 资源税类，包括资源税、城镇土地使用税。

③ 所得税类，包括企业所得税、个人所得税。

④ 特定目的税类，包括城市维护建设税、土地增值税、耕地占用税、烟叶税、环境保护税、船舶吨税。

⑤ 财产和行为税类，包括房产税、车船税、印花税、契税、车辆购置税。

上述五大类一共包括 18 个税种，其中关税、船舶吨税、进口环节的增值税、消费税由海关负责征收，其他的税种均由税务机关负责征收管理。

6.2 纳税申报这样做

在前面各章节中，读者了解了从收集原始凭证到出具会计报表的全过程。不同于前面所述的会计处理，纳税申报更侧重于税务处理，针对不同的税种，会计人员在编制好会计报表的基础上还需要进行各项工作，用以完成纳税申报，缴交税款。

6.2.1 纳税申报前的准备

会计人员在进行纳税申报前，除了需要进行日常会计处理，做好凭证出具会计报表外，同时还应对纳税申报的工作做好前期准备。

（1）核对销售业务，填开销售发票，确定当期销项税额

增值税销项发票是企业据以记账，确认当期销售收入的合法凭据，但是在现实的工作中，不像会计考题，题目一出说销售了多少货物，发票也就开出来了。真实的货物交易是从合同签订到发货、对方确认、购销双方核对账目，再到开具发票的过程。开票过程又会因各公司的验收程序、账目核对要求不同而不同。

会计人员应当熟知增值税发票的开具规定以及各客户的开票要求，在保证遵守税务法规的同时结合客户的要求，保证日常工作的正常进行。一般，会计人员应在当月 20 号前与客户确定开票额度，在月末前开具出当月销项增值税专用发票，这样可以合理地运用手头的发票额度。

（2）核对当月购货发票，保证进项发票及时收取

同货物销项发票的开具一样，企业作为购货人也应及时根据实际到货、验货情况与供货单位核对账目，确认进项发票的开具金额。企业取得的进项增值税专用发票，需要通过电子税务局认证才可以进行税额的抵扣。因防伪税控系统对发票的开据有严格的时间限制，企业会计人员一定要认真确认进项发票的开具情况，如果在规定的时间内未收到发票，一定要及时与供货单位联系，保证发票的及时开具和收取。

（3）进项发票认证，确定当期进项税额

认证、抄税、报税是会计人员特别是税务会计每月必做的工作。企业所取得的进项增值税发票必须认证后才能进行增值税进项税额的抵扣。

发票认证，是指税务机关对纳税人所开具的增值税专用发票进行核查和确认的过程，以确保发票的合规性，减少税收风险，保障纳税人的合法权益和履行纳税义务。

企业取得增值税专用发票后，可以通过本省（自治区、直辖市和计划单列市）增值税发票综合服务平台勾选认证。也可以到税务大厅窗口或认证机扫描认证。通过增值税发票综合服务平台勾选认证发票无须下载相关软件。具体流程如下：

① 登录电子税务局后，依次点击【我要办税】—【发票使用】—【发票用途确认】—【抵扣类勾选】，在“抵扣类勾选”界面找到【统计确认】模块，进入功能页面。如图 6-1、图 6-2 所示。

图 6-1　发票认证（1）

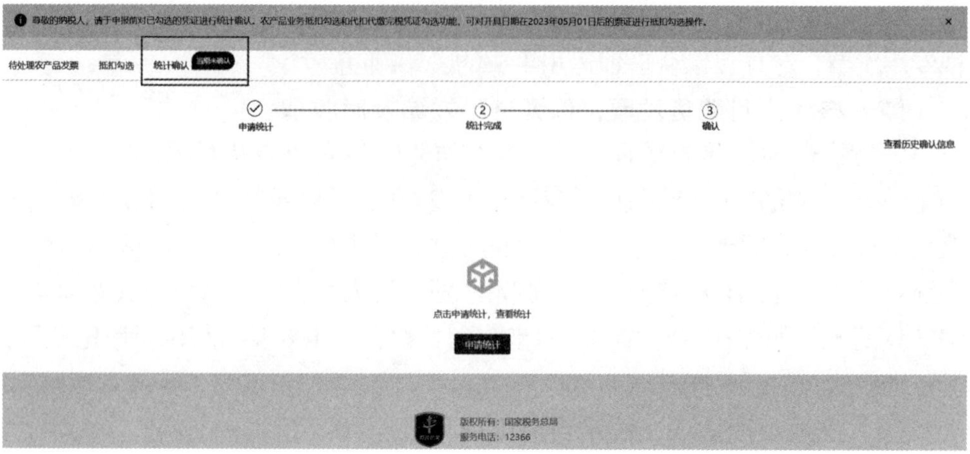

图 6-2　发票认证（2）

② 点击“申请统计”按钮进行统计，申请统计提交后系统将对勾选结果进行实时统计。如图 6-3 所示。

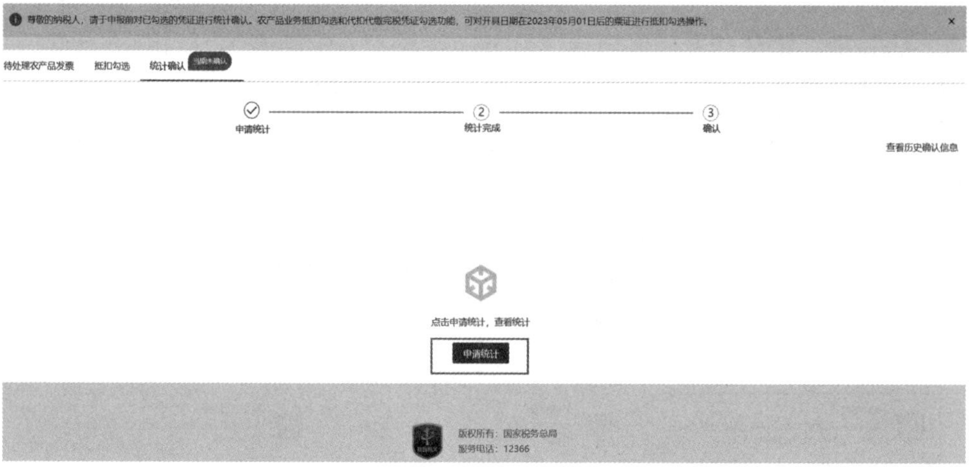

图 6-3　发票认证（3）

③ 核对统计数据无误后，点击【统计确认】按钮，出现弹窗提示。如图 6-4、图 6-5 所示。

④ 点击“继续”后，弹窗消失，输出结果，下方按钮变为“撤销确认”，即说明已完成统计确认。如图 6-6 所示。

发票统计确认只能在征期范围内进行，未在征期范围内只能进行勾选，不能进行统计确认。

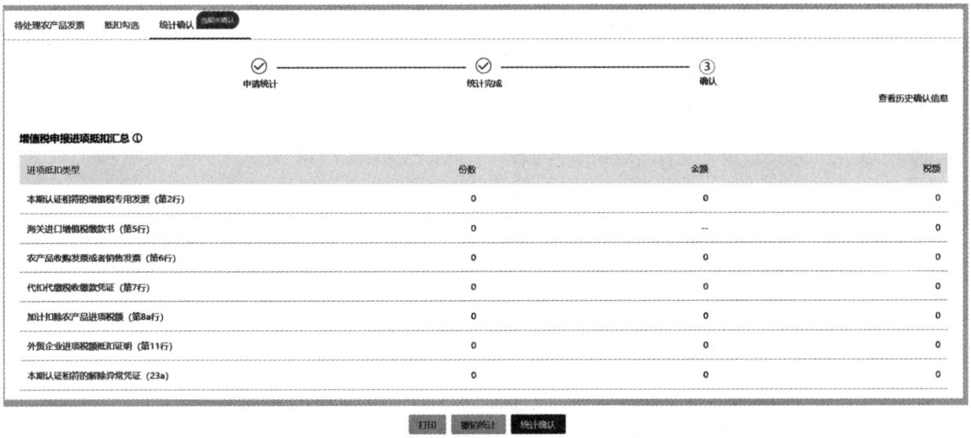

图 6-4　发票认证（4）

图 6-5　发票认证（5）

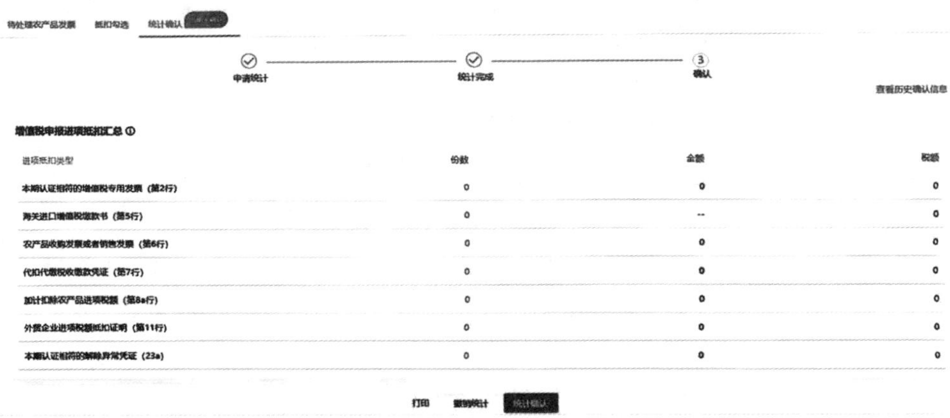

图 6-6　发票认证（6）

（4）抄税，保证报税工作的正常进行

抄税，是指开票单位将防伪税控系统中开具的增值税发票信息上传至税务部门进行比对，系统登录开票，进行“上传”或者“网上抄报”，在上传或抄报完成后，会计网上报税时，与税务系统进行比对，通过后方可操作“反写”或“清卡”。现如今，征期范围内登录税控软件，已可自动抄税处理。

抄税的工作在“防伪税控开票系统”中进行，操作过程如图 6-7 所示。

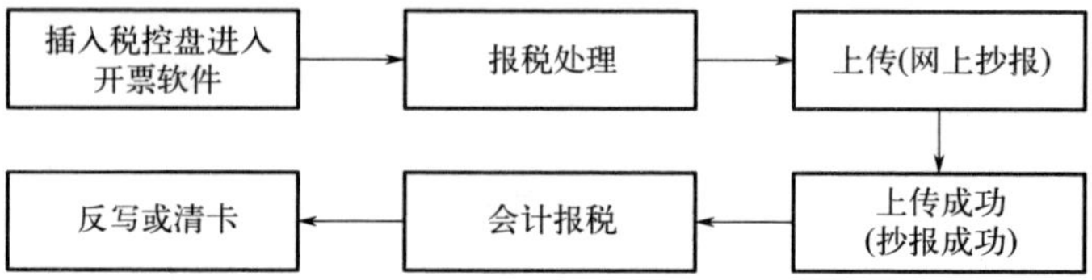

图 6-7　抄税处理

抄税于每月月初进行，只有抄税后才能进行报税工作。无论企业上月是否领用或开具了税控发票，都必须在抄报税期内执行“抄税”操作，并在指定期间内完成报税并反写或清卡，否则税控过税期将被锁死，须去税务局解锁。

如果企业使用电子发票服务平台开具全面数字化的电子发票，每次开具完毕后系统自动归集“数电”发票开票数据，无须进行抄税、清卡步骤。

（5）计算各项应缴税费

在进行完上述进项发票认证、销项发票抄税工作后，需对企业应缴的各项税金进行计提，与此同时进行会计处理，编制好财务报表，做好纳税申报的各项准备。各企业应针对自身应交的税费做好税金的计提工作。常缴的税种计算方法如下：

① 增值税的计算：

当期应纳税额 = 当期销项税额 − 当期进项税额

② 消费税的计算：

应纳税额 = 应税消费品的销售额 × 比例税率

应纳税额 = 应税消费品的销售数量 × 定额税率

应纳税额 = 应税销售数量 × 定额税率 + 应税销售额 × 比例税率

③ 城建税的计算：

应纳税额 = 纳税人实际缴纳的增值税、消费税 × 适用税率

④ 教育费附加的计算：

应纳税额 = 纳税人实际缴纳的增值税、消费税 × 适用税率

⑤ 企业所得税的计算：

应纳税额 = 应纳税所得额 × 适用税率 − 减免税额 − 抵免税额

⑥ 个人所得税的计算：

应纳税额 = 应纳税所得额 × 适用税率 − 速算扣除数

正常月份，大部分企业只需考虑计算增值税、城建税、教育费附加、代扣代缴个人所得税等税金，但个别月份如季度末月份、12 月年末应计算缴纳企业所得税。企业应根据自身性质、各地税务机关要求，按不同的时间缴纳不同税种的税款。

6.2.2 纳税申报的对象和期限

纳税申报是纳税人在发生纳税义务后按照税法规定的期限和内容向主管税务机关提交纳税资料、缴纳税款的法律行为。

（1）纳税申报的对象

纳税申报的对象是指按照国家法律、行政法规的规定，负有纳税义务的纳税人或者是负有代扣代缴义务的扣缴义务人。总的来说，主要包括以下对象：

① 应当正常履行纳税义务的纳税人。在正常情况下，依法已经向税务机关办理税务登记的纳税人必须按税收法律、行政法规规定的申报期限、申报内容如实办理纳税申报。

② 应当履行扣缴税款义务的扣缴义务人。扣缴义务人或者税务机关必须依照法律、行政法规的规定确定的申报期限、申报内容如实报送代扣代缴、代收代缴税款报告表以及税务机关根据实际需要要求扣缴义务人报送的其他有关资料。

③ 享受减税、免税待遇的纳税人。纳税人享受减税、免税待遇的，在减税、免税期间也应当按照规定办理纳税申报手续，填报纳税申报表，以便于进行减免税的统计与管理。

④ 按规定不需要办理税务登记及应当办理而未办理税务登记的纳税人。

⑤ 国家税务机关确定的委托代征人。

（2）纳税申报的期限

会计人员应按各税种规定的期限进行申报，否则会给企业带来缴交滞纳金及罚款等损失，同时会影响企业的纳税形象及打乱企业的日常税务工作。

各税种的申报期限如下：

① 缴纳增值税、消费税的纳税人，以 1 个月或者 1 个季度为一期纳税的，

于期满后15日内申报，以1日、3日、5日、10日、15日为一期纳税的，自期满之日起5日内预缴税款，于次月1日起至15日内申报并结算上月应纳税款。

② 缴纳企业所得税的纳税人应当在月份或者季度终了后15日内，向其所在地主管国家税务机关办理预缴所得税申报。

③ 其他税种，大多也是在次月15日内申报结算，各地主管税务机关要求不同。

④ 税法已明确规定纳税申报期限的，按税法规定的期限申报。税法未明确规定纳税申报期限的，按主管税务机关根据具体情况确定的期限申报。

⑤ 纳税人办理纳税申报期限的最后一日，如遇公休、节假日的，可以顺延。会计人员应随时留意各地主管税务机关的通知。

6.2.3 纳税申报的内容

纳税申报的内容是指纳税申报或者代扣代缴、代收代缴税款提交的各种报表及与纳税有关的资料或证件。

前面所做的各项工作（纳税申报前的准备工作及会计账务处理工作）已经为纳税申报做好了准备，但是前面所做的会计报表（资产负债表、利润表、现金流量表等）只是记录企业财务状况和经营成果的报表，还不能作为税务机关征收税款的依据，企业应根据申报的不同填制各种对应的纳税申报表。

纳税人办理纳税申报时，以深某某有限公司为例，其属于增值税一般纳税人，于每月办理纳税申报时应报送的资料如下：

① 增值税（消费税）、附加税申报表。纳税人征期内自行通过“全国统一规范电子税务局”申报，系统自动比对数据。

② 其他纳税申报。目前大部分税种，企业都可以在电子税务局中自行申报。企业员工工资薪金、奖金等个人所得税申报，可以登录自然人电子税务局（扣缴端）进行代扣代缴个人所得税申报。

6.2.4 一般纳税人申报表的具体填列

在本章前面的小节中，对增值税一般纳税人的申报已经讲明：需要通过“全国统一规范电子税务局”进行纳税申报，虽然大部分报表由系统自动生成，但会计人员还是必须对报表的组成项目及其填列方法有所了解，本小节将对该系统中主要报表的具体填列一一进行描述。

6.2.4.1 增值税及附加税费申报表主表

《增值税及附加税费申报表（适用于一般纳税人）》是汇总反映企业申报会计期间内进项、销项税额，并计算企业当期应缴纳税款，以及反映企业当期实际缴纳、当期欠缴税款等项目的列表。

（1）《增值税及附加税费申报表（适用于一般纳税人）》格式

申报表主表通过 4 大项目、41 栏明细项目反映企业申报期间及本年累计的销售额、税款计算及税款缴纳、附加税费的情况，其具体格式见表 6-1。

表 6-1 增值税及附加税费申报表（适用于一般纳税人）格式

增值税及附加税费申报表

（一般纳税人适用）

根据国家税收法律法规及增值税相关规定制定本表。纳税人不论有无销售额，均应按税务机关核定的纳税期限填写本表，并向当地税务机关申报。

税款所属时间：自　　年　月　日至　　年　月　日　　　　填表日期：　　年　月　日

金额单位：元（列至角分）

纳税人识别号（统一社会信用代码）：　　　　所属行业：

纳税人名称		法定代表人姓名		注册地址		生产经营地址	
开户银行及账号		登记注册类型			电话号码		
项目		栏次		一般项目		即征即退项目	
				本月数	本年累计	本月数	本年累计
销售额	（一）按适用税率计税销售额	1		0.00	0.00	0.00	0.00
	其中：应税货物销售额	2		0.00	0.00	0.00	0.00
	应税劳务销售额	3		0.00	0.00	0.00	0.00
	纳税检查调整的销售额	4		0.00	0.00	0.00	0.00
	（二）按简易办法计税销售额	5		0.00	0.00	0.00	0.00
	其中：纳税检查调整的销售额	6		0.00	0.00	0.00	0.00
	（三）免、抵、退办法出口销售额	7		0.00	0.00	—	—
	（四）免税销售额	8		0.00	0.00	—	—
	其中：免税货物销售额	9		0.00	0.00	—	—
	免税劳务销售额	10		0.00	0.00	—	—
税款计算	销项税额	11		0.00	0.00	0.00	0.00
	进项税额	12		0.00	0.00	0.00	0.00
	上期留抵税额	13		0.00	0.00	0.00	—
	进项税额转出	14		0.00	0.00	0.00	0.00
	免、抵、退应退税额	15		0.00	0.00	—	—

续表

项目		栏次	一般项目		即征即退项目	
			本月数	本年累计	本月数	本年累计
税款计算	按适用税率计算的纳税检查应补缴税额	16	0.00	0.00	—	—
	应抵扣税额合计	17=12+13−14−15+16	0.00	—	0.00	—
	实际抵扣税额	18	0.00	0.00	0.00	0.00
	应纳税额	19=11−18	0.00	0.00	0.00	0.00
	期末留抵税额	20=17−18	0.00	0.00	0.00	—
	简易计税办法计算的应纳税额	21	0.00	0.00	0.00	0.00
	按简易计税办法计算的纳税检查应补缴税额	22	0.00	0.00	—	—
	应纳税额减征额	23	0.00	0.00	0.00	0.00
	应纳税额合计	24=19+21−23	0.00	0.00	0.00	0.00
税款缴纳	期初未缴税额（多缴为负数）	25	0.00	0.00	0.00	0.00
	实收出口开具专用缴款书退税额	26	0.00	0.00	—	—
	本期已缴税额	27=28+29+30+31	0.00	0.00	0.00	0.00
	①分次预缴税额	28	0.00	—	0.00	—
	②出口开具专用缴款书预缴税额	29	0.00	—	—	—
	③本期缴纳上期应纳税额	30	0.00	0.00	0.00	0.00
	④本期缴纳欠缴税额	31	0.00	0.00	0.00	0.00
	期末未缴税额（多缴为负数）	32=24+25+20−27	0.00	0.00	0.00	0.00
	其中：欠缴税额（≥0）	33=25+26−27	0.00	—	0.00	—
	本期应补（退）税额	34=24−28−29	0.00	—	0.00	—
	即征即退实际退税额	35	—	—	0.00	0.00
	期初未缴查补税额	36	0.00	0.00	—	—
	本期入库查补税额	37	0.00	0.00	—	—
	期末未缴查补税额	38=16+22+36−37	0.00	0.00	—	—

续表

项目		栏次	一般项目			
			本月数	本年累计	本月数	本年累计
附加税费	城市维护建设税本期应补（退）税额	39	0.00	0.00	—	—
	教育费附加本期应补（退）费额	40	0.00	0.00	—	—
	地方教育附加本期应补（退）费额	41	0.00	0.00	—	—

声明：此表是根据国家税收法律法规及相关规定填写，本人（单位）对填报内容（及附带资料）的真实性、可靠性、完整性负责。

纳税人（签章）：　　　　年　　月　　日

经办人： 经办人身份证号： 代理机构签章： 代理机构统一社会信用代码：	受理人： 受理税务机关（章）： 受理日期：　　　　年　　月　　日

(2)《增值税及附加税费申报表（适用于一般纳税人）》具体填列

①“税款所属时间”：指纳税人申报的增值税应纳税额的所属时间，应填写具体的起止年、月、日。

②“填表日期”：指纳税人填写本表的具体日期。

③“纳税人识别号（统一社会信用代码）”：填写纳税人的统一社会信用代码或纳税人识别号。

④“所属行业”：按照国民经济行业分类与代码中的小类行业填写。

⑤“纳税人名称”：填写纳税人单位名称全称。

⑥“法定代表人姓名”：填写纳税人法定代表人的姓名。

⑦“注册地址”：填写纳税人税务登记证件所注明的详细地址。

⑧“生产经营地址”：填写纳税人实际生产经营地的详细地址。

⑨“开户银行及账号”：填写纳税人开户银行的名称和纳税人在该银行的结算账户号码。

⑩“登记注册类型”：按纳税人税务登记证件的栏目内容填写。

⑪“电话号码”：填写可联系到纳税人的常用电话号码。

⑫“即征即退项目”列：填写纳税人按规定享受增值税即征即退政策的货物、劳务和服务、不动产、无形资产的征（退）税数据。

⑬“一般项目”列：填写除享受增值税即征即退政策以外的货物、劳务和服务、不动产、无形资产的征（免）税数据。

⑭“本年累计”列：一般填写本年度内各月“本月数”之和。其中，第13、20、25、32、36、38栏及第18栏“实际抵扣税额”“一般项目”列的“本年累计”分别按第㉗ ㉞ ㊴ ㊻ ㊿ ㊾ ㉜条填写。

⑮第1栏“（一）按适用税率计税销售额”：填写纳税人本期按一般计税方法计算缴纳增值税的销售额。包含：在财务上不作销售但按税法规定应缴纳增值税的视同销售和价外费用的销售额；外贸企业作价销售进料加工复出口货物的销售额；税务、财政、审计部门检查后按一般计税方法计算调整的销售额。

营业税改征增值税的纳税人，服务、不动产和无形资产有扣除项目的，本栏应填写扣除之前的不含税销售额。

本栏“一般项目”列“本月数”＝《增值税及附加税费申报表附列资料（一）》（后简称为《附列资料（一）》）第9列第1至5行之和－第9列第6、7行之和。

本栏“即征即退项目”列“本月数”＝《附列资料（一）》第9列第6、7行之和。

⑯第2栏“其中：应税货物销售额”：填写纳税人本期按适用税率计算增值税的应税货物的销售额。包含在财务上不作销售但按税法规定应缴纳增值税的视同销售货物和价外费用销售额，以及外贸企业作价销售进料加工复出口货物的销售额。

⑰第3栏“应税劳务销售额”：填写纳税人本期按适用税率计算增值税的应税劳务的销售额。

⑱第4栏“纳税检查调整的销售额”：填写纳税人因税务、财政、审计部门检查，并按一般计税方法在本期计算调整的销售额。但享受增值税即征即退政策的货物、劳务和服务、不动产、无形资产，经纳税检查属于偷税的，不填入“即征即退项目”列，而应填入“一般项目”列。

营业税改征增值税的纳税人，服务、不动产和无形资产有扣除项目的，本栏应填写扣除之前的不含税销售额。

本栏“一般项目”列“本月数”＝《附列资料（一）》第7列第1至5行之和。

⑲ 第 5 栏“按简易办法计税销售额”：填写纳税人本期按简易计税方法计算增值税的销售额。包含纳税检查调整按简易计税方法计算增值税的销售额。

营业税改征增值税的纳税人，服务、不动产和无形资产有扣除项目的，本栏应填写扣除之前的不含税销售额；服务、不动产和无形资产按规定汇总计算缴纳增值税的分支机构，其当期按预征率计算缴纳增值税的销售额也填入本栏。

本栏“一般项目”列“本月数”≥《附列资料（一）》第 9 列第 8 至 13b 行之和－第 9 列第 14、15 行之和。

本栏“即征即退项目”列“本月数”≥《附列资料（一）》第 9 列第 14、15 行之和。

⑳ 第 6 栏“其中：纳税检查调整的销售额”：填写纳税人因税务、财政、审计部门检查，并按简易计税方法在本期计算调整的销售额。但享受增值税即征即退政策的货物、劳务和服务、不动产、无形资产，经纳税检查属于偷税的，不填入“即征即退项目”列，而应填入“一般项目”列。

营业税改征增值税的纳税人，服务、不动产和无形资产有扣除项目的，本栏应填写扣除之前的不含税销售额。

㉑ 第 7 栏“免、抵、退办法出口销售额”：填写纳税人本期适用免、抵、退税办法的出口货物、劳务和服务、无形资产的销售额。

营业税改征增值税的纳税人，服务、无形资产有扣除项目的，本栏应填写扣除之前的销售额。

本栏“一般项目”列“本月数”＝《附列资料（一）》第 9 列第 16、17 行之和。

㉒ 第 8 栏“免税销售额”：填写纳税人本期按照税法规定免征增值税的销售额和适用零税率的销售额，但零税率的销售额中不包括适用免、抵、退税办法的销售额。

营业税改征增值税的纳税人，服务、不动产和无形资产有扣除项目的，本栏应填写扣除之前的免税销售额。

本栏“一般项目”列“本月数”＝《附列资料（一）》第 9 列第 18、19 行之和。

㉓ 第 9 栏“其中：免税货物销售额”：填写纳税人本期按照税法规定免征增值税的货物销售额及适用零税率的货物销售额，但零税率的销售额中不包括

适用免、抵、退税办法出口货物的销售额。

㉔ 第 10 栏“免税劳务销售额”：填写纳税人本期按照税法规定免征增值税的劳务销售额及适用零税率的劳务销售额，但零税率的销售额中不包括适用免、抵、退税办法的劳务销售额。

㉕ 第 11 栏“销项税额”：填写纳税人本期按一般计税方法计税的货物、劳务和服务、不动产、无形资产的销项税额。

营业税改征增值税的纳税人，服务、不动产和无形资产有扣除项目的，本栏应填写扣除之后的销项税额。

本栏“一般项目”列“本月数”=《附列资料（一）》（第 10 列第 1、3 行之和 - 第 10 列第 6 行）+（第 14 列第 2、4、5 行之和 - 第 14 列第 7 行）。

本栏“即征即退项目”列“本月数”=《附列资料（一）》第 10 列第 6 行 + 第 14 列第 7 行。

㉖ 第 12 栏“进项税额”：填写纳税人本期申报抵扣的进项税额。

本栏“一般项目”列“本月数”+“即征即退项目”列“本月数”=《增值税及附加税费申报表附列资料（二）》（后简称为《附列资料（二）》）第 12 栏“税额”。

㉗ 第 13 栏“上期留抵税额”：“本月数”按上一税款所属期申报表第 20 栏“期末留抵税额”“本月数”填写。本栏“一般项目”列“本年累计”不填写。

㉘ 第 14 栏“进项税额转出”：填写纳税人已经抵扣，但按税法规定本期应转出的进项税额。

本栏“一般项目”列“本月数”+“即征即退项目”列“本月数”=《附列资料（二）》第 13 栏“税额”。

㉙ 第 15 栏“免、抵、退应退税额”：反映税务机关退税部门按照出口货物、劳务和服务、无形资产免、抵、退办法审批的增值税应退税额。

㉚ 第 16 栏“按适用税率计算的纳税检查应补缴税额”：填写税务、财政、审计部门检查，按一般计税方法计算的纳税检查应补缴的增值税税额。

本栏“一般项目”列“本月数”≤《附列资料（一）》第 8 列第 1 至 5 行之和 +《附列资料（二）》第 19 栏。

㉛ 第 17 栏“应抵扣税额合计”：填写纳税人本期应抵扣进项税额的合计数。按表中所列公式计算填写。

㉜ 第 18 栏“实际抵扣税额”：“本月数”按表中所列公式计算填写。本栏

“一般项目”列“本年累计”不填写。

㉝ 第 19 栏“应纳税额”：反映纳税人本期按一般计税方法计算并应缴纳的增值税额。

a. 适用加计抵减政策的纳税人，按以下公式填写：

本栏“一般项目”列“本月数” = 第 11 栏“销项税额”“一般项目”列“本月数” − 第 18 栏“实际抵扣税额”“一般项目”列“本月数” − “实际抵减额”。

本栏“即征即退项目”列“本月数” = 第 11 栏“销项税额”“即征即退项目”列“本月数” − 第 18 栏“实际抵扣税额”“即征即退项目”列“本月数” − “实际抵减额”。

适用加计抵减政策的纳税人是指，按照规定计提加计抵减额，并可从本期适用一般计税方法计算的应纳税额中抵减的纳税人（下同）。“实际抵减额”是指按照规定可从本期适用一般计税方法计算的应纳税额中抵减的加计抵减额，分别对应《附列资料（四）》[增值税及附加税费申报表附列资料（四）简称] 第 6 行“一般项目加计抵减额计算”、第 7 行“即征即退项目加计抵减额计算”的“本期实际抵减额”列。

b. 其他纳税人按表中所列公式填写。

㉞ 第 20 栏“期末留抵税额”：“本月数”按表中所列公式填写。本栏“一般项目”列“本年累计”不填写。

㉟ 第 21 栏“简易计税办法计算的应纳税额”：反映纳税人本期按简易计税方法计算并应缴纳的增值税额，但不包括按简易计税方法计算的纳税检查应补缴税额。按以下公式计算填写：

本栏“一般项目”列“本月数” = 《附列资料（一）》（第 10 列第 8、9a、10、11 行之和 − 第 10 列第 14 行）+（第 14 列第 9b、12、13a、13b 行之和 − 第 14 列第 15 行）。

本栏“即征即退项目”列“本月数” = 《附列资料（一）》第 10 列第 14 行 + 第 14 列第 15 行。

营业税改征增值税的纳税人，服务、不动产和无形资产按规定汇总计算缴纳增值税的分支机构，应将预征增值税额填入本栏。预征增值税额 = 应预征增值税的销售额 × 预征率。

㊱ 第 22 栏“按简易计税办法计算的纳税检查应补缴税额”：填写纳税人本期因税务、财政、审计部门检查并按简易计税方法计算的纳税检查应补缴税额。

㊲ 第 23 栏“应纳税额减征额”：填写纳税人本期按照税法规定减征的增值税应纳税额。包含按照规定可在增值税应纳税额中全额抵减的增值税税控系统专用设备费用以及技术维护费，支持和促进重点群体创业就业、扶持自主就业退役士兵创业就业等有关税收政策可扣减的增值税额，按照规定可填列的减按征收对应的减征增值税税额等。

当本期减征额小于或等于第 19 栏“应纳税额”与第 21 栏“简易计税办法计算的应纳税额”之和时，按本期减征额实际填写；当本期减征额大于第 19 栏“应纳税额”与第 21 栏“简易计税办法计算的应纳税额”之和时，按本期第 19 栏与第 21 栏之和填写。本期减征额不足抵减部分结转下期继续抵减。

㊳ 第 24 栏“应纳税额合计”：反映纳税人本期应缴增值税的合计数。按表中所列公式计算填写。

㊴ 第 25 栏“期初未缴税额（多缴为负数）”：“本月数”按上一税款所属期申报表第 32 栏“期末未缴税额（多缴为负数）”“本月数”填写。“本年累计”按上年度最后一个税款所属期申报表第 32 栏“期末未缴税额（多缴为负数）”“本年累计”填写。

㊵ 第 26 栏“实收出口开具专用缴款书退税额”：本栏不填写。

㊶ 第 27 栏“本期已缴税额”：反映纳税人本期实际缴纳的增值税额，但不包括本期入库的查补税款。按表中所列公式计算填写。

㊷ 第 28 栏“①分次预缴税额”：填写纳税人本期已缴纳的准予在本期增值税应纳税额中抵减的税额。其中：

a. 服务、不动产和无形资产按规定汇总计算缴纳增值税的总机构，其可以从本期增值税应纳税额中抵减的分支机构已缴纳的税款，按当期实际可抵减数填入本栏，不足抵减部分结转下期继续抵减。

b. 销售建筑服务、销售不动产、出租不动产并按规定预缴增值税的纳税人，其可以从本期增值税应纳税额中抵减的已缴纳的税款，按当期实际可抵减数填入本栏，不足抵减部分结转下期继续抵减。

㊸ 第 29 栏“②出口开具专用缴款书预缴税额”：本栏不填写。

㊹ 第 30 栏“③本期缴纳上期应纳税额”：填写纳税人本期缴纳上一税款所属期应缴未缴的增值税额。

㊺ 第 31 栏“④本期缴纳欠缴税额”：反映纳税人本期实际缴纳和留抵税额抵减的增值税欠税额，但不包括缴纳入库的查补增值税额。

㊻ 第 32 栏“期末未缴税额（多缴为负数）”：“本月数”反映纳税人本期

期末应缴未缴的增值税额，但不包括纳税检查应缴未缴的税额。按表中所列公式计算填写。“本年累计”与“本月数”相同。

㊼ 第 33 栏“其中：欠缴税额（≥ 0）”：反映纳税人按照税法规定已形成欠税的增值税额。按表中所列公式计算填写。

㊽ 第 34 栏“本期应补（退）税额”：反映纳税人本期应纳税额中应补缴或应退回的数额。按表中所列公式计算填写。

㊾ 第 35 栏“即征即退实际退税额”：反映纳税人本期因符合增值税即征即退政策规定，而实际收到的税务机关退回的增值税额。

㊿ 第 36 栏“期初未缴查补税额”：“本月数”按上一税款所属期申报表第 38 栏“期末未缴查补税额”“本月数”填写。“本年累计”按上年度最后一个税款所属期申报表第 38 栏“期末未缴查补税额”“本年累计”填写。

51 第 37 栏“本期入库查补税额”：反映纳税人本期因税务、财政、审计部门检查而实际入库的增值税额，包括按一般计税方法计算并实际缴纳的查补增值税额和按简易计税方法计算并实际缴纳的查补增值税额。

52 第 38 栏“期末未缴查补税额”：“本月数”反映纳税人接受纳税检查后应在本期期末缴纳而未缴纳的查补增值税额。按表中所列公式计算填写，“本年累计”与“本月数”相同。

53 第 39 栏“城市维护建设税本期应补（退）税额”：填写纳税人按税法规定应当缴纳的城市维护建设税。本栏“一般项目”列“本月数”=《附列资料（五）》［增值税及附加税费申报表附列资料（五）简称］第 1 行第 11 列。

54 第 40 栏“教育费附加本期应补（退）费额”：填写纳税人按规定应当缴纳的教育费附加。本栏“一般项目”列“本月数”=《附列资料（五）》第 2 行第 11 列。

55 第 41 栏“地方教育附加本期应补（退）费额”：填写纳税人按规定应当缴纳的地方教育附加。本栏“一般项目”列“本月数”=《附列资料（五）》第 3 行第 11 列。

6.2.4.2　增值税及附加税费申报表附表一

《增值税及附加税费申报表附列资料（表一）》是反映纳税人本期销售资料明细状况的报表。

《增值税及附加税费申报表附列资料（表一）》，简称《附表一》，它按纳税人销售不同税率货物及劳务的情况和开具发票情况双重角度反映纳税人的销售明细情况。其具体格式如表 6-2 所示。

表 6-2 《增值税及附加税费申报表附列资料（表一）》格式

增值税及附加税费申报表附列资料（一）

（本期售销情况明细）

税款所属时间：　　年　月　日至　　年　月　日

纳税人名称：（签章）　　　　　　　　　　　　　金额单位：元（列至角分）

项目及栏次				开具增值税专用发票		开具其他发票		未开具发票		纳税检查调整		合计			服务、不动产和无形资产扣除项目本期实际扣除金额	扣除后	
				销售额	销项（应纳）税额	销售额	销项（应纳）税额	销售额	销项（应纳）税额	销售额	销项（应纳）税额	销售额	销项（应纳）税额	价税合计		含税（免税）销售额	销项（应纳）税额
				1	2	3	4	5	6	7	8	9=1+3+5+7	10=2+4+6+8	11=9+10	12	13=11−12	14=13÷（100%+税率或征收率）× 税率或征收率
一、一般计税方法计税	全部征税项目	13% 税率的货物及加工修理修配劳务	1	0.00	0.00	0.00	0.00	0.00	0.00	0.00	0.00	0.00	0.00	—	—	—	—
		13% 税率的服务、不动产和无形资产	2	0.00	0.00	0.00	0.00	0.00	0.00	0.00	0.00	0.00	0.00	0.00	0.00	0.00	0.00
		9% 税率的货物及加工修理修配劳务	3	0.00	0.00	0.00	0.00	0.00	0.00	0.00	0.00	0.00	0.00	—	—	—	—
		9% 税率的服务、不动产和无形资产	4	0.00	0.00	0.00	0.00	0.00	0.00	0.00	0.00	0.00	0.00	0.00	0.00	0.00	0.00
		6% 税率	5	0.00	0.00	0.00	0.00	0.00	0.00	0.00	0.00	0.00	0.00	0.00	0.00	0.00	0.00
	其中：即征即退项目	即征即退货物及加工修理修配劳务	6	—	—	—	—	—	—	—	—	0.00	0.00	—	—	—	—
		即征即退服务、不动产和无形资产	7	—	—	—	—	—	—	—	—	0.00	0.00	0.00	0.00	0.00	0.00

续表

项目及栏次				开具增值税专用发票		开具其他发票		未开具发票		纳税检查调整		合计			服务、不动产和无形资产扣除项目本期实际扣除金额	扣除后	
				销售额	销项(应纳)税额	销售额	销项(应纳)税额	销售额	销项(应纳)税额	销售额	销项(应纳)税额	销售额	销项(应纳)税额	价税合计		含税(免税)销售额	销项(应纳)税额
				1	2	3	4	5	6	7	8	9=1+3+5+7	10=2+4+6+8	11=9+10	12	13=11−12	14=13÷(100%+税率或征收率)×税率或征收率
二、简易计税方法计税	全部征税项目	6% 征收率	8	0.00	0.00	0.00	0.00	0.00	0.00	—	—	0.00	0.00	—	—	—	—
		5% 征收率的货物及加工修理修配劳务	9a	0.00	0.00	0.00	0.00	0.00	0.00	—	—	0.00	0.00	—	—	—	—
		5% 征收率的服务、不动产和无形资产	9b	0.00	0.00	0.00	0.00	0.00	0.00	—	—	0.00	0.00	0.00	0.00	0.00	0.00
		4% 征收率	10	0.00	0.00	0.00	0.00	0.00	0.00	—	—	0.00	0.00	—	—	—	—
		3% 征收率的货物及加工修理修配劳务	11	0.00	0.00	0.00	0.00	0.00	0.00	—	—	0.00	0.00	—	—	—	—
		3% 征收率的服务、不动产和无形资产	12	0.00	0.00	0.00	0.00	0.00	0.00	—	—	0.00	0.00	0.00	0.00	0.00	0.00
		预征率 a%	13a	0.00	0.00	0.00	0.00	0.00	0.00	—	—	0.00	0.00	0.00	0.00	0.00	0.00
		预征率 b%	13b	0.00	0.00	0.00	0.00	0.00	0.00	—	—	0.00	0.00	0.00	0.00	0.00	0.00
		预征率 c%	13c	0.00	0.00	0.00	0.00	0.00	0.00	—	—	0.00	0.00	0.00	0.00	0.00	0.00

续表

项目及栏次				开具增值税专用发票		开具其他发票		未开具发票		纳税检查调整		合计			服务、不动产和无形资产扣除项目本期实际扣除金额	扣除后	
				销售额	销项（应纳）税额	销售额	销项（应纳）税额	销售额	销项（应纳）税额	销售额	销项（应纳）税额	销售额	销项（应纳）税额	价税合计		含税（免税）销售额	销项（应纳）税额
				1	2	3	4	5	6	7	8	9=1+3+5+7	10=2+4+6+8	11=9+10	12	13=11−12	14=13÷（100%+税率或征收率）× 税率或征收率
二、简易计税方法计税	其中：即征即退项目	即征即退货物及加工修理修配劳务	14	—	—	—	—	—	—	—	—	0.00	0.00	—	—	—	—
		即征即退服务、不动产和无形资产	15	—	—	—	—	—	—	—	—	0.00	0.00	0.00	0.00	0.00	0.00
三、免抵退税	货物及加工修理修配劳务		16	—	—	0.00	—	0.00	—	—	—	0.00	—	—	—	—	—
	服务、不动产和无形资产		17	—	—	0.00	—	0.00	—	—	—	0.00	—	0.00	0.00	0.00	0.00
四、免税	货物及加工修理修配劳务		18	0.00		0.00	—	0.00	—	—	—	0.00	—	—	—	—	—
	服务、不动产和无形资产		19	—	—	0.00	—	0.00	—	—	—	0.00	—	0.00	0.00	0.00	0.00

6.2.4.3 增值税及附加税费申报表附表二

《增值税及附加税费申报表附列资料（表二）》（简称《附表二》）是反映纳税人本期进项税额明细资料的列表。

（1）《增值税及附加税费申报表附列资料（表二）》格式

《附表二》反映纳税人在本纳税申报期内申报抵扣、进项转出等进项税额的具体情况，其具体格式如表 6-3 所示。

表 6-3 《增值税及附加税费申报表附列资料（表二）》格式

增值税及附加税费申报表附列资料（二）

（本期进项税额明细）

税款所属时间： 年 月 日至 年 月 日

纳税人名称：（公章） 金额单位：元（列至角分）

一、申报抵扣的进项税额				
项目	栏次	份数	金额	税额
（一）认证相符的增值税专用发票	1=2+3	0	0.00	0.00
其中：本期认证相符且本期申报抵扣	2	0	0.00	0.00
前期认证相符且本期申报抵扣	3	0	0.00	0.00
（二）其他扣税凭证	4=5+6+7+8a+8b	0	0.00	0.00
其中：海关进口增值税专用缴款书	5	0	0.00	0.00
农产品收购发票或者销售发票	6	0	0.00	0.00
代扣代缴税收缴款凭证	7	0	—	0.00
加计扣除农产品进项税额	8a	—	—	0.00
其他	8b	0	0.00	0.00
（三）本期用于购建不动产的扣税凭证	9	0	0.00	0.00
（四）本期用于抵扣的旅客运输服务扣税凭证	10	0	0.00	0.00
（五）外贸企业进项税额抵扣证明	11	—	—	0.00
当期申报抵扣进项税额合计	12=1+4+11	0	0.00	0.00
二、进项税额转出额				
项目	栏次	税额		
本期进项税额转出额	13=14 至 23 之和	0.00		
其中：免税项目用	14	0.00		
集体福利、个人消费	15	0.00		
非正常损失	16	0.00		
简易计税方法征税项目用	17	0.00		
免抵退税办法不得抵扣的进项税额	18	0.00		

续表

项目	栏次	税额		
纳税检查调减进项税额	19	0.00		
红字专用发票信息表注明的进项税额	20	0.00		
上期留抵税额抵减欠税	21	0.00		
上期留抵税额退税	22	0.00		
异常凭证转出进项税额	23a	0.00		
其他应作进项税额转出的情形	23b	0.00		
三、待抵扣进项税额				
项目	栏次	份数	金额	税额
（一）认证相符的增值税专用发票	24	—	—	—
期初已认证相符但未申报抵扣	25	0	0.00	0.00
本期认证相符且本期未申报抵扣	26	0	0.00	0.00
期末已认证相符但未申报抵扣	27	0	0.00	0.00
其中：按照税法规定不允许抵扣	28	0	0.00	0.00
（二）其他扣税凭证	29=30 至 33 之和	0	0.00	0.00
其中：海关进口增值税专用缴款书	30	0	0.00	0.00
农产品收购发票或者销售发票	31	0	0.00	0.00
代扣代缴税收缴款凭证	32	0	—	0.00
其他	33	0	0.00	0.00
	34			
四、其他				
项目	栏次	份数	金额	税额
本期认证相符的增值税专用发票	35	0	0.00	0.00
代扣代缴税额	36	—	—	0.00

（2）《增值税及附加税费申报表附列资料（表二）》具体填列

①“税款所属时间”“纳税人名称”的填写同主表。

② 第 1 至 12 栏“一、申报抵扣的进项税额”：分别反映纳税人按税法规定符合抵扣条件，在本期申报抵扣的进项税额。

a. 第 1 栏“（一）认证相符的增值税专用发票”：反映纳税人取得的认证相符本期申报抵扣的增值税专用发票情况。该栏应等于第 2 栏“其中：本期认证相符且本期申报抵扣”与第 3 栏“前期认证相符且本期申报抵扣”数据之和。适用取消增值税发票认证规定的纳税人，通过增值税发票综合服务平台选择用于抵扣的增值税专用发票，视为"认证相符"（下同）。

b. 第 2 栏"其中：本期认证相符且本期申报抵扣"：反映本期认证相符且本期申报抵扣的增值税专用发票的情况。本栏是第 1 栏的其中数，本栏只填写本期认证相符且本期申报抵扣的部分。

c. 第 3 栏"前期认证相符且本期申报抵扣"：反映前期认证相符且本期申报抵扣的增值税专用发票的情况。本栏是第 1 栏的其中数。

纳税人本期申报抵扣的收费公路通行费增值税电子普通发票（以下简称通行费电子发票）应当填写在第 1 至 3 栏对应栏次中。

第 1 至 3 栏中涉及的增值税专用发票均不包含从小规模纳税人处购进农产品时取得的专用发票，但购进农产品未分别核算用于生产销售 13% 税率货物和其他货物服务的农产品进项税额情况除外。

d. 第 4 栏"（二）其他扣税凭证"：反映本期申报抵扣的除增值税专用发票之外的其他扣税凭证的情况。具体包括：海关进口增值税专用缴款书、农产品收购发票或者销售发票（含农产品核定扣除的进项税额）、代扣代缴税收完税凭证、加计扣除农产品进项税额和其他符合政策规定的扣税凭证。该栏应等于第 5 至 8b 栏之和。

e. 第 5 栏"海关进口增值税专用缴款书"：反映本期申报抵扣的海关进口增值税专用缴款书的情况。

f. 第 6 栏"农产品收购发票或者销售发票"：反映纳税人本期购进农业生产者自产农产品取得（开具）的农产品收购发票或者销售发票情况。从小规模纳税人处购进农产品时取得增值税专用发票情况填写在本栏，但购进农产品未分别核算用于生产销售 13% 税率货物和其他货物服务的农产品进项税额情况除外。

"税额"栏 = 农产品销售发票或者收购发票上注明的农产品买价 ×9%+增值税专用发票上注明的金额 ×9%。

上述公式中的"增值税专用发票"是指纳税人从小规模纳税人处购进农产品时取得的专用发票。

执行农产品增值税进项税额核定扣除办法的，填写当期允许抵扣的农产品增值税进项税额，不填写"份数""金额"。

g. 第 7 栏"代扣代缴税收缴款凭证"：填写本期按规定准予抵扣的完税凭证上注明的增值税额。

h. 第 8a 栏"加计扣除农产品进项税额"：填写纳税人将购进的农产品用

于生产销售或委托受托加工 13% 税率货物时加计扣除的农产品进项税额。该栏不填写“份数”“金额”。

i. 第 8b 栏“其他”：反映按规定本期可以申报抵扣的其他扣税凭证情况。

纳税人按照规定不得抵扣且未抵扣进项税额的固定资产、无形资产、不动产，发生用途改变，用于允许抵扣进项税额的应税项目，可在用途改变的次月将按公式计算出的可以抵扣的进项税额，填入本栏“税额”中。

j. 第 9 栏“（三）本期用于购建不动产的扣税凭证”：反映按规定本期用于购建不动产的扣税凭证上注明的金额和税额。

购建不动产是指纳税人 2016 年 5 月 1 日后取得并在会计制度上按固定资产核算的不动产或者 2016 年 5 月 1 日后取得的不动产在建工程。取得不动产，包括以直接购买、接受捐赠、接受投资入股、自建以及抵债等各种形式取得的不动产，不包括房地产开发企业自行开发的房地产项目。

本栏次包括第 1 栏中本期用于购建不动产的增值税专用发票和第 4 栏中本期用于购建不动产的其他扣税凭证。

本栏“金额”“税额”≥ 0。

k. 第 10 栏“（四）本期用于抵扣的旅客运输服务扣税凭证”：反映按规定本期购进旅客运输服务，所取得的扣税凭证上注明或按规定计算的金额和税额。

本栏次包括第 1 栏中按规定本期允许抵扣的购进旅客运输服务取得的增值税专用发票和第 4 栏中按规定本期允许抵扣的购进旅客运输服务取得的其他扣税凭证。

本栏“金额”“税额”≥ 0。

第 9 栏“（三）本期用于购建不动产的扣税凭证”+ 第 10 栏“（四）本期用于抵扣的旅客运输服务扣税凭证”税额≤第 1 栏“认证相符的增值税专用发票”+ 第 4 栏“其他扣税凭证”税额。

l. 第 11 栏“（五）外贸企业进项税额抵扣证明”：填写本期申报抵扣的税务机关出口退税部门开具的《出口货物转内销证明》列明允许抵扣的进项税额。

m. 第 12 栏“当期申报抵扣进项税额合计”：反映本期申报抵扣进项税额的合计数。按表中所列公式计算填写。

③ 第 13 至 23b 栏“二、进项税额转出额”各栏：分别反映纳税人已经抵扣但按规定应在本期转出的进项税额明细情况。

a. 第 13 栏“本期进项税额转出额”：反映已经抵扣但按规定应在本期转出的进项税额合计数。按表中所列公式计算填写。

b. 第 14 栏“免税项目用”：反映用于免征增值税项目，按规定应在本期转出的进项税额。

c. 第 15 栏“集体福利、个人消费”：反映用于集体福利或者个人消费，按规定应在本期转出的进项税额。

d. 第 16 栏“非正常损失”：反映纳税人发生非正常损失，按规定应在本期转出的进项税额。

e. 第 17 栏“简易计税方法征税项目用”：反映用于按简易计税方法征税项目，按规定应在本期转出的进项税额。

营业税改征增值税的纳税人，服务、不动产和无形资产按规定汇总计算缴纳增值税的分支机构，当期应由总机构汇总的进项税额也填入本栏。

f. 第 18 栏“免抵退税办法不得抵扣的进项税额”：反映按照免、抵、退税办法的规定，由于征税税率与退税税率存在税率差，在本期应转出的进项税额。

g. 第 19 栏“纳税检查调减进项税额”：反映税务、财政、审计部门检查后而调减的进项税额。

h. 第 20 栏“红字专用发票信息表注明的进项税额”：填写增值税发票管理系统校验通过的《开具红字增值税专用发票信息表》注明的在本期应转出的进项税额。

i. 第 21 栏“上期留抵税额抵减欠税”：填写本期经税务机关同意，使用上期留抵税额抵减欠税的数额。

j. 第 22 栏“上期留抵税额退税”：填写本期经税务机关批准的上期留抵税额退税额。

k. 第 23a 栏“异常凭证转出进项税额”：填写本期异常增值税扣税凭证转出的进项税额。异常增值税扣税凭证转出后，经核实允许继续抵扣的，纳税人重新确认用于抵扣的，在本栏次填入负数。

l. 第 23b 栏“其他应作进项税额转出的情形”：反映除上述进项税额转出情形外，其他应在本期转出的进项税额。

④ 第 24 至 34 栏“三、待抵扣进项税额”各栏：分别反映纳税人已经取得，但按税法规定不符合抵扣条件，暂不予在本期申报抵扣的进项税额情况及按税法规定不允许抵扣的进项税额情况。

a. 第 24 至 28 栏涉及的增值税专用发票均不包括从小规模纳税人处购进农

产品时取得的专用发票，但购进农产品未分别核算用于生产销售13%税率货物和其他货物服务的农产品进项税额情况除外。

b. 第25栏“期初已认证相符但未申报抵扣”：反映前期认证相符，但按照税法规定暂不予抵扣及不允许抵扣，结存至本期的增值税专用发票情况。

c. 第26栏“本期认证相符且本期未申报抵扣”：反映本期认证相符，但按税法规定暂不予抵扣及不允许抵扣，而未申报抵扣的增值税专用发票情况。

d. 第27栏“期末已认证相符但未申报抵扣”：反映截至本期期末，按照税法规定仍暂不予抵扣及不允许抵扣且已认证相符的增值税专用发票情况。

e. 第28栏“其中：按照税法规定不允许抵扣”：反映截至本期期末已认证相符但未申报抵扣的增值税专用发票中，按照税法规定不允许抵扣的增值税专用发票情况。

纳税人本期期末已认证相符待抵扣的通行费电子发票应当填写在第24至28栏对应栏次中。

f. 第29栏“（二）其他扣税凭证”：反映截至本期期末仍未申报抵扣的除增值税专用发票之外的其他扣税凭证情况。具体包括：海关进口增值税专用缴款书、农产品收购发票或者销售发票、代扣代缴税收完税凭证和其他符合政策规定的扣税凭证。该栏应等于第30至33栏之和。

g. 第30栏“海关进口增值税专用缴款书”：反映已取得但截至本期期末仍未申报抵扣的海关进口增值税专用缴款书情况。

h. 第31栏“农产品收购发票或者销售发票”：反映已取得但截至本期期末仍未申报抵扣的农产品收购发票或者农产品销售发票情况。从小规模纳税人处购进农产品时取得增值税专用发票情况填写在本栏，但购进农产品未分别核算用于生产销售13%税率货物和其他货物服务的农产品进项税额情况除外。

i. 第32栏“代扣代缴税收缴款凭证”：反映已取得但截至本期期末仍未申报抵扣的代扣代缴税收完税凭证情况。

j. 第33栏“其他”：反映已取得但截至本期期末仍未申报抵扣的其他扣税凭证的情况。

⑤ 第35至36栏“四、其他”各栏。

a. 第35栏“本期认证相符的增值税专用发票”：反映本期认证相符的增

值税专用发票的情况。纳税人本期认证相符的通行费电子发票应当填写在本栏次中。

b. 第 36 栏“代扣代缴税额”：填写纳税人根据《中华人民共和国增值税法》第十五条规定扣缴的服务、不动产和无形资产增值税额之和。

6.2.4.4 增值税及附加税费申报表附表三

《增值税及附加税费申报表附列资料（三)》是填写纳税人“服务、不动产和无形资产扣除项目明细”的列表，本表由服务、不动产和无形资产有扣除项目的营业税改征增值税纳税人填写，其他纳税人不填写。其具体格式如表 6-4 所示。

表 6-4 《增值税及附加税费申报表附列资料（表三)》格式

增值税及附加税费申报表附列资料（三）

（服务、不动产和无形资产扣除项目明细）

税款所属时间：　　　年　月　日至　　　年　月　日

纳税人名称：（公章）　　　　　　　　　　　　金额单位：元（列至角分）

项目及栏次		本期服务、不动产和无形资产价税合计额（免税销售额）	服务、不动产和无形资产扣除项目				
			期初余额	本期发生额	本期应扣除金额	本期实际扣除金额	期末余额
		1	2	3	4=2+3	5（5 ≤ 1 且 5 ≤ 4)	6=4−5
13% 税率的项目	1						
9% 税率的项目	2						
6% 税率的项目（不含金融商品转让)	3						
6% 税率的金融商品转让项目	4						
5% 征收率的项目	5						
3% 征收率的项目	6						
免抵退税的项目	7						
免税的项目	8						

① 本表由服务、不动产和无形资产有扣除项目的营业税改征增值税纳税人填写。其他纳税人不填写。

②“税款所属时间”“纳税人名称”的填写同主表。

③ 第 1 列“本期服务、不动产和无形资产价税合计额（免税销售额）”：营业税改征增值税的服务、不动产和无形资产属于征税项目的，填写扣除之前的本期服务、不动产和无形资产价税合计额；营业税改征增值税的服务、不动产和无形资产属于免抵退税或免税项目的，填写扣除之前的本期服务、不动产和无形资产免税销售额。本列各行次等于《附列资料（一）》第 11 列对应行次，其中本列第 3 行和第 4 行之和等于《附列资料（一）》第 11 列第 5 栏。

营业税改征增值税的纳税人，服务、不动产和无形资产按规定汇总计算缴纳增值税的分支机构，本列各行次之和等于《附列资料（一）》第 11 列第 13a、13b 行之和。

④ 第 2 列“服务、不动产和无形资产扣除项目”“期初余额”：填写服务、不动产和无形资产扣除项目上期期末结存的金额，试点实施之日的税款所属期填写“0”。本列各行次等于上期《附列资料（三）》第 6 列对应行次。

本列第 4 行“6% 税率的金融商品转让项目”“期初余额”年初首期填报时应填“0”。

⑤ 第 3 列“服务、不动产和无形资产扣除项目”“本期发生额”：填写本期取得的按税法规定准予扣除的服务、不动产和无形资产扣除项目金额。

⑥ 第 4 列“服务、不动产和无形资产扣除项目”“本期应扣除金额”：填写服务、不动产和无形资产扣除项目本期应扣除的金额。

本列各行次 = 第 2 列对应各行次 + 第 3 列对应各行次。

⑦ 第 5 列“服务、不动产和无形资产扣除项目”“本期实际扣除金额”：填写服务、不动产和无形资产扣除项目本期实际扣除的金额。

本列各行次≤第 4 列对应各行次，且本列各行次≤第 1 列对应各行次。

⑧ 第 6 列“服务、不动产和无形资产扣除项目”“期末余额”：填写服务、不动产和无形资产扣除项目本期期末结存的金额。

本列各行次 = 第 4 列对应各行次 − 第 5 列对应各行次。

6.2.4.5 增值税及附加税费申报表附表四

《增值税及附加税费申报表附列资料（表四）》（简称《附表四》）是填写本期纳税人税额抵减情况和加计抵减情况的列表。《附表四》具体格式见表 6-5。

表 6-5 《增值税及附加税费申报表附列资料（表四）》格式

增值税及附加税费申报表附列资料（四）

（税额抵减情况表）

税款所属时间：　　　年　月　日至　　　年　月　日

纳税人名称：（公章）　　　　　　　　　　　　　　　　金额单位：元（列至角分）

一、税额抵减情况						
序号	抵减项目	期初余额	本期发生额	本期应抵减税额	本期实际抵减税额	期末余额
		1	2	3=1+2	4 ≤ 3	5=3-4
1	增值税税控系统专用设备费及技术维护费	0.00	0.00	0.00	0.00	0.00
2	分支机构预征缴纳税款	0.00	0.00	0.00	0.00	0.00
3	建筑服务预征缴纳税款	0.00	0.00	0.00	0.00	0.00
4	销售不动产预征缴纳税款	0.00	0.00	0.00	0.00	0.00
5	出租不动产预征缴纳税款	0.00	0.00	0.00	0.00	0.00

二、加计抵减情况							
序号	加计抵减项目	期初余额	本期发生额	本期调减额	本期可抵减额	本期实际抵减额	期末余额
		1	2	3	4=1+2-3	5	6=4-5
6	一般项目加计抵减额计算	0.00	0.00	0.00	0.00	0.00	0.00
7	即征即退项目加计抵减额计算	0.00	0.00	0.00	0.00	0.00	0.00
8	合计	0.00	0.00	0.00	0.00	0.00	0.00

（1）税额抵减情况

① 本表第 1 行由发生增值税税控系统专用设备费用和技术维护费的纳税人填写，反映纳税人增值税税控系统专用设备费用和技术维护费按规定抵减增值税应纳税额的情况。

② 本表第 2 行由符合汇总缴纳条件的总机构（营业税改征增值税纳税人）填写，反映其分支机构预征缴纳税款抵减总机构应纳增值税税额的情况。

③ 本表第 3 行由销售建筑服务并按规定预缴增值税的纳税人填写，反映其销售建筑服务预征缴纳税款抵减应纳增值税税额的情况。

④ 本表第 4 行由销售不动产并按规定预缴增值税的纳税人填写，反映其销售不动产预征缴纳税款抵减应纳增值税税额的情况。

⑤ 本表第 5 行由出租不动产并按规定预缴增值税的纳税人填写，反映其出租不动产预征缴纳税款抵减应纳增值税税额的情况。

（2）加计抵减情况

本表第6至8行仅限适用加计抵减政策的纳税人填写，反映其加计抵减情况。其他纳税人不需填写。第8行“合计”等于第6行、第7行之和。各列说明如下：

① 第1列“期初余额”：填写上期期末结余的加计抵减额。

② 第2列“本期发生额”：填写按照规定本期计提的加计抵减额。

③ 第3列“本期调减额”：填写按照规定本期应调减的加计抵减额。

④ 第4列“本期可抵减额”：按表中所列公式填写。

⑤ 第5列“本期实际抵减额”：反映按照规定本期实际加计抵减额，按以下要求填写。

若第4列≥0，且第4列<主表第11栏－主表第18栏，则第5列=第4列；

若第4列≥主表第11栏－主表第18栏，则第5列=主表第11栏－主表第18栏；

若第4列<0，则第5列等于0。

计算本列“一般项目加计抵减额计算”行和“即征即退项目加计抵减额计算”行时，公式中主表各栏次数据分别取主表“一般项目”“本月数”列、“即征即退项目”“本月数”列对应数据。

⑥ 第6列“期末余额”：填写本期结余的加计抵减额，按表中所列公式填写。

6.2.4.6　增值税及附加税费申报表附表五

《增值税及附加税费申报表附列资料（五）》是填写本期纳税人附加税费情况的列表。《附表五》具体格式见表6-6。

①“税（费）款所属时间”：指纳税人申报的附加税费应纳税（费）额的所属时间，应填写具体的起止年、月、日。

②“纳税人名称”：填写纳税人名称全称。

③“本期是否适用试点建设培育产教融合型企业抵免政策”：符合国家发展改革委、教育部等部门规定的产教融合型企业建设培育条件的试点企业，其兴办职业教育的投资符合《职业教育产教融合赋能提升行动实施方案（2023—2025年）》（发改社会〔2023〕699号等政策文件规定的），选择“是”；否则，选择“否”。

④ 第5行“当期新增投资额”：填写试点建设培育产教融合型企业当期新增投资额减去股权转让、撤回投资等金额后的投资净额，该数值可为负数。

⑤ 第6行“上期留抵可抵免金额”：填写上期的“结转下期可抵免金额”。

⑥ 第7行“结转下期可抵免金额”：填写本期抵免应缴教育费附加、地方教育附加后允许结转下期抵免部分。

表 6-6　《增值税及附加税费申报表附列资料（表五）》格式

增值税及附加税费申报表（一般纳税人适用）附列资料（五）

（附加税费情况表）

税款所属时间：　　　年　月　日至　　　年　月　日

纳税人名称：（公章）　　　　　　　　　　　　　　　　　　　　　　　金额单位：元（列至角分）

本期是否适用小微企业“六税两费”减免政策				□是　□否		减免政策适用主体		□个体工商户　□小型微利企业					
						适用减免政策起止时间		年　月　日至　年　月　日					
税（费）种	计税（费）依据			税（费）率（%）	本期应纳税（费）额	本期减免税（费）额		小微企业“六税两费”减免政策		试点建设培育产教融合型企业		本期已缴税（费）额	本期应补（退）税（费）额
	增值税税额	增值税免抵税额	留抵退税本期扣除额			减免性质代码	减免税（费）额	减征比例（%）	减征额	减免性质代码	本期抵免金额		
	1	2	3	4	5=（1+2-3）×4	6	7	8	9=（5-7）×8	10	11	12	13=5-7-9-11-12
城市维护建设税	0.00	0.00	0.00	0.07	0.00		0.00	50.00	0.00	|	0.00	0.00	0.00
教育费附加	0.00	0.00	0.00	0.03	0.00		0.00	50.00	0.00	|	0.00	0.00	0.00
地方教育附加	0.00	0.00	0.00	0.02	0.00		0.00	50.00	0.00	|	0.00	0.00	0.00
合计	—	—	—	—	0.00	—	0.00	—	0.00	—	0.00	0.00	0.00
本期是否适用试点建设培育产教融合型企业抵免政策				□是 □否	当期新增投资额						5	0.00	
					上期留抵可抵免金额						6	0.00	
					结转下期可抵免金额						7	0.00	
可用于扣除的增值税留抵退税额使用情况					当期新增可用于扣除的留抵退税额						8	0.00	
					上期结存可用于扣除的留抵退税额						9	0.00	
					结转下期可用于扣除的留抵退税额						10	0.00	

⑦ 第 8 行“当期新增可用于扣除的留抵退税额”：填写本期经税务机关批准的上期留抵税额退税额。本栏等于《附列资料二》第 22 栏“上期留抵税额退税”。

⑧ 第 9 行“上期结存可用于扣除的留抵退税额”：填写上期的“结转下期可用于扣除的留抵退税额”。

⑨ 第 10 行“结转下期可用于扣除的留抵退税额”：填写本期扣除后剩余的增值税留抵退税额，结转下期可用于扣除的留抵退税额 = 当期新增可用于扣除的留抵退税额 + 上期结存可用于扣除的留抵退税额 − 留抵退税本期扣除额。

⑩ 第 1 列“增值税税额”：填写主表增值税本期应补（退）税额。

⑪ 第 2 列“增值税免抵税额”：填写上期经税务机关核准的增值税免抵税额。

⑫ 第 3 列“留抵退税本期扣除额”：填写本期因增值税留抵退税扣除的计税依据。当第 8 行与第 9 行之和大于第 1 行第 1 列与第 1 行第 2 列之和时，第 3 列第 1 至 3 行分别按对应行第 1 列与第 2 列之和填写。当第 8 行与第 9 行之和（大于 0）小于或等于第 1 行第 1 列与第 1 行第 2 列之和时，第 3 列第 1 至 3 行分别按第 8 行与第 9 行之和对应填写。当第 8 行与第 9 行之和（小于等于 0）小于或等于第 1 行第 1 列与第 1 行第 2 列之和时，第 3 列第 1 至 3 行均填写 0。

⑬ 第 4 列“税（费）率”：填写适用税（费）率。

⑭ 第 5 列“本期应纳税（费）额”：填写本期按适用的税（费）率计算缴纳的应纳税（费）额。计算公式为：本期应纳税（费）额 =（增值税税额 + 增值税免抵税额 − 留抵退税本期扣除额）× 税（费）率。

⑮ 第 6 列“减免性质代码”：按《减免税政策代码目录》中附加税费适用的减免性质代码填写，试点建设培育产教融合型企业抵免不填列此列。有减免税（费）情况的必填。

⑯ 第 7 列“减免税（费）额”：填写本期减免的税（费）额。

⑰ 第 10 列“减免性质代码”：符合《财政部关于调整部分政府性基金有关政策的通知》（财税〔2019〕46 号）规定的试点建设培育产教融合型企业分别填写教育费附加产教融合试点减免性质代码 61101402、地方教育附加产教融合试点减免性质代码 99101401。不适用建设培育产教融合型企业抵免政策的则为空。

⑱ 第 11 列“本期抵免金额”：填写试点建设培育产教融合型企业本期抵免的教育费附加、地方教育附加金额。

⑲ 第 12 列“本期已缴税（费）额”：填写本期应纳税（费）额中已经缴纳的部分。该列不包括本期预缴应补（退）税费情况。

⑳ 第 13 列“本期应补（退）税（费）额”：该列次与主表第 39 至 41 栏

对应相等。计算公式为：本期应补（退）税（费）额＝本期应纳税（费）额－本期减免税（费）额－试点建设培育产教融合型企业本期抵免金额－本期已缴税（费）额。

6.2.4.7 增值税减免税申报明细表

《增值税减免税申报明细表》是填写纳税人享受减免税优惠政策情况的列表。《增值税减免税申报明细表》具体格式见表 6-7。

表 6-7 《增值税减免税申报明细表》格式

增值税减免税申报明细表

税款所属时间：自　　年　月　日至　　年　月　日

纳税人名称：(公章)　　　　金额单位：元（列至角分）

一、减税项目						
减税性质代码及名称	栏次	期初余额	本期发生额	本期应抵减税额	本期实际抵减税额	期末余额
		1	2	3=1+2	4 ≤ 3	5=3−4
合计	1	0.00	0.00	0.00	0.00	0.00
二、免税项目						
免税性质代码及名称	栏次	免征增值税项目销售额	免税销售额扣除项目本期实际扣除金额	扣除后免税销售额	免税销售额对应的进项税额	免税额
		1	2	3=1−2	4	5
合计	1	0.00	0.00	0.00	0.00	0.00
出口免税	2	0.00	0.00	0.00	—	0.00
其中：跨境服务	3	0.00	0.00	0.00	—	0.00

① 本表由享受增值税减免税优惠政策的增值税一般纳税人和小规模纳税人（以下简称增值税纳税人）填写。仅享受支持小微企业免征增值税政策或未达起征点的增值税小规模纳税人不需填报本表，即小规模纳税人当期《增值税及附加税费申报表（小规模纳税人适用)》第 12 栏“其他免税销售额”“本期数”和第 16 栏“本期应纳税额减征额”“本期数”均无数据时，不需填报本表。

②“税款所属时间”“纳税人名称”的填写同申报表主表，申报表主表是指《增值税及附加税费申报表（一般纳税人适用)》或者《增值税及附加税费申报表（小规模纳税人适用)》。

③“一、减税项目”由本期按照税收法律、法规及国家有关税收规定享受减征（包含税额式减征、税率式减征）增值税优惠的增值税纳税人填写。

a.“减税性质代码及名称”：根据国家税务总局最新发布的《减免税政策代码目录》所列减免性质代码、减免项目名称填写。同时有多个减征项目的，应分别填写。

b. 第 1 列“期初余额”：填写应纳税额减征项目上期“期末余额”，为对应项目上期应抵减而不足抵减的余额。

c. 第 2 列“本期发生额”：填写本期发生的按照规定准予抵减增值税应纳税额的金额。

d. 第 3 列“本期应抵减税额”：填写本期应抵减增值税应纳税额的金额。本列按表中所列公式填写。

e. 第 4 列“本期实际抵减税额”：填写本期实际抵减增值税应纳税额的金额。本列各行≤第 3 列对应各行。

一般纳税人填写时，第 1 行“合计”本列数 = 申报表主表第 23 行“一般项目”列“本月数”。

小规模纳税人填写时，第 1 行“合计”本列数 = 申报表主表第 16 行“本期应纳税额减征额”“本期数”。

f. 第 5 列“期末余额”：按表中所列公式填写。

④“二、免税项目”由本期按照税收法律、法规及国家有关税收规定免征增值税的增值税纳税人填写。仅享受小微企业免征增值税政策或未达起征点的小规模纳税人不需填写，即小规模纳税人申报表主表第 12 栏“其他免税销售额”“本期数”无数据时，不需填写本栏。

a.“免税性质代码及名称”：根据国家税务总局最新发布的《减免税政策代码目录》所列减免性质代码、减免项目名称填写。同时有多个免税项目的，应分别填写。

b.“出口免税”填写增值税纳税人本期按照税法规定出口免征增值税的销售额，但不包括适用免、抵、退税办法出口的销售额。小规模纳税人不填写本栏。

c. 第 1 列“免征增值税项目销售额”：填写增值税纳税人免税项目的销售额。免税销售额按照有关规定允许从取得的全部价款和价外费用中扣除价款的，应填写扣除之前的销售额。

一般纳税人填写时，本列“合计”等于申报表主表第 8 行“一般项目”列“本月数”。

d. 第 2 列“免税销售额扣除项目本期实际扣除金额”：免税销售额按照有关规定允许从取得的全部价款和价外费用中扣除价款的，据实填写扣除金额；无扣除项目的，本列填写“0”。

e. 第 3 列“扣除后免税销售额”：按表中所列公式填写。

f. 第 4 列：本列不填写。

g. 第 5 列“免税额”：一般纳税人不填写本列。小规模纳税人按下列公式计算填写，且本列各行数应大于或等于 0。

小规模纳税人公式：第 5 列“免税额” = 第 3 列“扣除后免税销售额” × 征收率。

6.2.5 纳税申报的方法

（1）纳税申报的方法

纳税申报的方法主要有以下几种：

① 网上申报。实行自核自缴，且有网上申报条件的纳税人，经主管税务机关批准，可以采取网上申报。

② 现场申报。纳税人、扣缴义务人、代征人应当在纳税申报期限内到主管税务机关办理纳税申报、代扣代缴、代收代缴税款或委托代征税款报告。

③ 邮寄申报。用邮寄方式办理纳税申报，应当使用统一的纳税申报专用信封，并以邮政部门收据作为申报凭据。邮寄申报以寄出的邮戳日期为实际申报日期。

目前使用较多的是网上申报的方法，方便、快捷。

（2）缴交税款

目前很多地方的税款缴交已实现了网上自动划扣，即税务与商业银行等部门利用信息网络技术，实现电子网络互联，通过电子方式，使税款实时直接缴入国库的信息系统管理模式。其步骤如下：

① 在电子税务局点击【我要办税】—【综合信息报告】—【制度信息报告】—【存款账户账号报告】。

② 办理业务后点击【立即办理三方协议签订】后可跳转至三方协议签订界面。

③ 三方协议签订完成后，在【税费缴纳】界面可直接选择三方协议扣款。

会计人员在纳税申报前应确保银行扣缴账户中有足够的存款可用以支持企业进行税款的缴纳。另外，税务机关还积极推行现金缴款、二维码缴款、银行代收、委托代扣等多元化缴款方式。

6.2.6 网上申报的具体操作

目前我国采用互联网进行纳税申报，减少了纳税人往返于税务部门与企业之间的时间，大大方便了纳税申报的操作。符合网上申报条件的纳税人，在税务登记成功后，即可以进行网上报税工作。以下，笔者将对一般纳税人增值税网上申报的操作方法进行描述，其他税种及财务报表的网上申报操作流程不再赘述。

① 登录电子税务局后，点击【我要办税】—【税费申报及缴纳】—【增值税及附加税费申报（一般纳税人适用）】功能菜单。如图 6-8 所示。

图 6-8　网上申报（1）

② 进入系统后，系统获取税智撑平台或核心征管的纳税人特征等标签，根据规则进行判断，进入不同的申报模式（确认式申报模式、补录式申报模式、填表式申报模式）。

常规的申报流程如下。

① 纳税人对税（费）结果进行确认。在❶左上角确认税款所属期，作为确认式页面所反映的主要内容，需要纳税人对预填的数据进行确认（若页面❷部分里的数据不对，需要调整销售收入以外的数据时，请点击❸“我要填表”，进入填表模式在对应数据栏次进行修改）。如图 6-9 所示。

② 在销售收入模块里面，纳税人需要确认销售额是否正确，如果纳税人存在有未开票收入的情况，可直接点击销售额输入框，根据实际经营情况对销售额栏次进行编辑（注意蓝色框提示，主要是针对未开票收入进行补录），完成后点击【确认】。如图 6-10 所示。

③ 纳税人若在确认式页面认为展示的数据不正确，请进入申报表填表界面，点击“我要填表”，进入填表式申报模式，填写完成确认后点击【提交】。

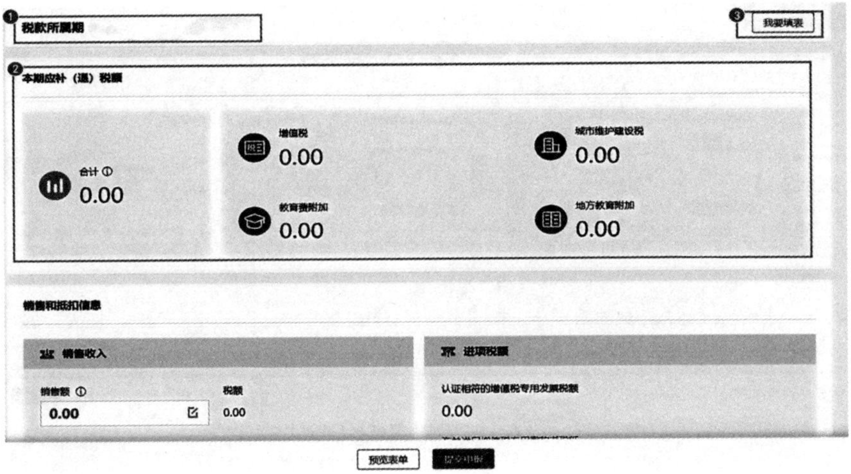

图 6-9　网上申报（2）

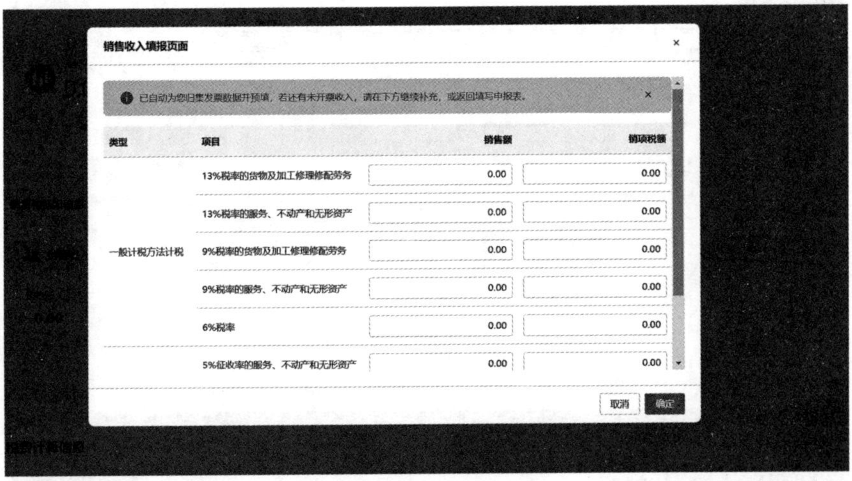

图 6-10　网上申报（3）

进入填表模式后，请按照一般纳税人申报表填表规则，先对相关附表进行填写，附表填写完成后回到主表，再次核实相关栏次数据是否正确反映，本期需要缴纳的税费数据会显示在页面的左下角。如图 6-11 所示。

④ 纳税人如需预览申报表，可通过点击“预览报表”查看明细报表数据。点击“预览报表”进入申报表预览详情。如图 6-12 所示。

⑤ 纳税人填写完成，确认数据无误，点击“提交”后，需要对本次申报的结果进行确认声明，纳税人按提示补全声明信息后，点击【确定】即可提交申报。如图 6-13 所示。

图 6-11　网上申报（4）

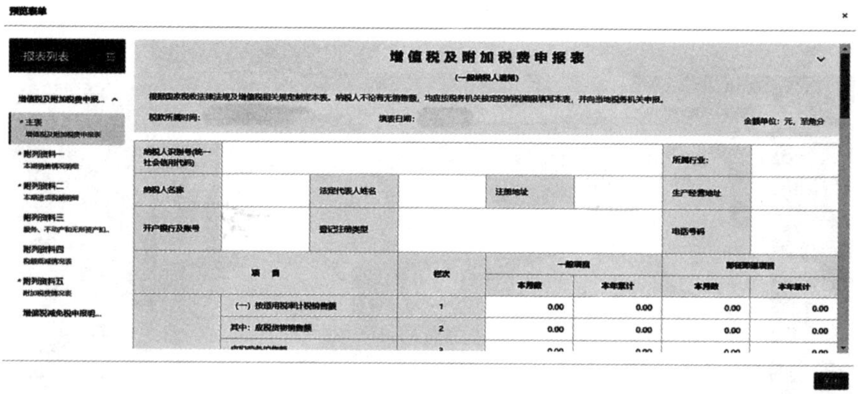

图 6-12　网上申报（5）

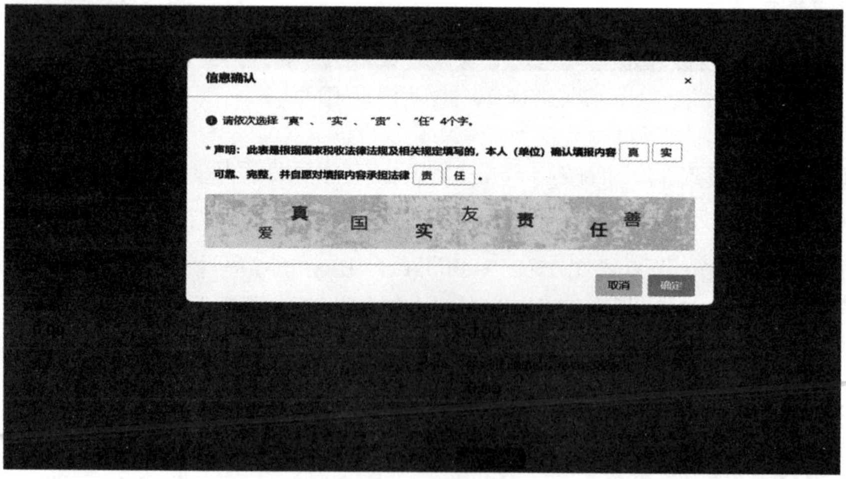

图 6-13　网上申报（6）

⑥ 点击【确定】，申报成功后，可点击【立即缴款】，完成本次申报涉及的税费款缴纳。如图 6-14 所示。

图 6-14　网上申报（7）

6.3　其他涉税事项

会计人员在日常工作中，除了纳税申报需要和税务机关打交道外，还往往会面临其他如办理纳税担保、纳税争议、税务代理等涉税事项，作为一名优秀的会计工作者，需要对这些都有所了解。

6.3.1　如何办理纳税担保

为他人办理纳税担保有 3 种方式，分别是纳税保证、纳税抵押和纳税质押。

① 纳税保证是指纳税保证人向税务机关保证，当纳税人未按照税收法律、行政法规规定或者税务机关确定的期限缴清税款、滞纳金时，由纳税保证人按照约定履行缴纳税款及滞纳金的行为。税务机关认可的，保证成立；税务机关不认可的，保证不成立。

② 纳税抵押是指纳税人或纳税担保人不转移对所拥有的未作抵押的动产和不动产的占有，将该财产作为税款及滞纳金的担保。纳税人逾期未缴清税款及滞纳金的，税务机关有权依法处置该财产以抵缴税款及滞纳金。

③ 纳税质押是指经税务机关同意，纳税人或纳税担保人将其动产或权利凭证移交税务机关占有，将该动产或权利凭证作为税款及滞纳金的担保。纳税人逾期未缴清税款及滞纳金的，税务机关有权依法处置该动产或权利凭证以抵缴税款及滞纳金。纳税质押分为动产质押和权利质押。

纳税保证人是指在中国境内具有纳税担保能力的自然人、法人或者其他经济组织。法人或其他经济组织财务报表资产净值超过需要担保的税额及滞纳金2倍以上的，自然人、法人或其他经济组织所拥有或者依法可以处分的未设置担保的财产的价值超过需要担保的税额及滞纳金的，视为具有纳税担保能力。法律、行政法规规定的没有担保资格的单位和个人，不得作为纳税担保人。

纳税担保人同意为纳税人提供纳税担保时，应填写《纳税担保书》，写明担保对象、担保范围、担保期限、担保财产的价值和担保责任以及其他有关事项。纳税担保书须经纳税人、纳税保证人签名盖章并经税务机关签名盖章同意方为有效。纳税担保从税务机关在纳税担保书上签名盖章之日起生效。

6.3.2 发生纳税争议如何办理

纳税争议是指纳税人、扣缴义务人、纳税担保人对税务机关确定纳税主体、征税对象、征税范围、减税、免税及退税、适用税率、计税依据、纳税环节、纳税期限、纳税地点以及税款征收方式等具体行政行为有异议而发生的争议。

纳税人、扣缴义务人、纳税担保人同税务机关在纳税上发生争议时，必须先依照税务机关的纳税决定缴纳或者解缴税款及滞纳金或者提供相应的担保，然后可以依法申请行政复议；对行政复议决定不服的，可以依法向人民法院起诉。

税务行政复议是指纳税人、扣缴义务人、纳税担保人及其他当事人不服税务机关或海关等部门的具体行政行为，依法向税务行政复议机关提出要求重新处理的申请。税务行政复议机关应根据申请人的申请，对原处理决定重新审定，并依法根据不同的情况作出维持、变更或撤销原决定的决定。

税务行政诉讼是指公民、法人和其他组织认为税务机关及其工作人员的税务具体行政行为侵犯了其合法权益，依法向人民法院提起行政诉讼，由人民法院对税务具体行政行为的合法性和适当性进行审理并作出裁判的司法活动。

6.3.3 税务代理要怎样操作

税务代理是指税务代理人在税务机关规定的代理范围内，受纳税人、扣缴义务人的委托代为办理税务事宜的各项行为的总称。

税务代理各项行为包括：办理、变更或者注销税务登记、办理除增值税专用发票外的发票领用手续、纳税申报或扣缴税款报告、税款缴纳和申请退税、制作涉税文书、审查纳税情况、建账建制、办理财务和税务咨询、申请税务行政复议、提起税务行政诉讼以及国家税务总局规定的其他业务。

在日常工作中常见的税务代理如各种中介服务机构、会计师事务所、审计事务所等，在税务代理时必须遵循严格依法、客观公正、严格管理、自愿有偿等原则。纳税人、扣缴义务人可以根据需要委托税务代理人进行全面代理、单项代理或临时代理、常年代理等。

税务代理可以分为三个阶段。

① 准备阶段：纳税人、扣缴义务人向税务代理机构提出税务代理时，税务代理机构对要求代理的企业或单位的有关情况进行调查，以此确定是否接受该项代理业务。双方在协商一致后应签订委托代理协议书，约定代理内容、代理权限和代理期限。税务代理机构在受理某项代理业务后，应确定税务代理风险，编制税务代理计划，安排实施代理工作。

② 实施阶段：就是税务代理机构按照代理计划，根据委托代理协议书约定的代理事项、权限和期限开展日常工作。

③ 完成阶段：指代理业务结束，税务代理机构应整理代理业务工作底稿，编制有关表格，并将有关资料存档备查。

6.3.4 年度报告报送内容

目前，企业年度报告采用网上报送的方法。《企业信息公示暂行条例》规定：企业应当于每年 1 月 1 日至 6 月 30 日，通过国家企业信用信息公示系统向市场监督管理部门报送上一年度年度报告，并向社会公示。当年设立登记的企业，自下一年起报送并公示年度报告。

企业年度报告内容包括以下几点：

① 企业通信地址、邮政编码、联系电话、电子邮箱等信息；

② 企业开业、歇业、清算等存续状态信息；

③ 企业投资设立企业、购买股权信息；

④ 企业为有限责任公司或者股份有限公司的，其股东或者发起人认缴和实缴的出资额、出资时间、出资方式等信息；

⑤ 有限责任公司股东股权转让等股权变更信息；

⑥ 企业网站以及从事网络经营的网店的名称、网址等信息；

⑦ 企业从业人数、资产总额、负债总额、对外提供保证担保、所有者权益合计、营业总收入、主营业务收入、利润总额、净利润、纳税总额信息。

6.3.5 如何办理减免税及退税

6.3.5.1 如何办理减免税

减免税政策是国家对符合条件的企业、单位和个人实施的一项税收优惠政策，纳税人根据国家的税收法规，对符合条件能够享受减免税的，应在规定的时间内，向主管税务机关提出申请，办理减免税。

减免税办理程序如下。

① 纳税人准备如下资料，前往主管税务部门进行申请，包括营业执照副本原件及复印件；目前的生产经营状况说明；申请减免税的报告（列明申请的理由）；提供与减免税条件相符的情况和数据；申请减免税的税种、起止时间及减免的数额。

② 纳税人携带上述资料到主管税务机关，按规定据实填写相关申请表，连同有关证明资料一起递交至税务受理窗口。

③ 主管税务机关对纳税人提交的相关资料提出受理意见。经同意减免税的企业，在减免期间也应向主管征收机关办理纳税申报。其内容应包括应纳税额、减免税额、实际应缴税额及经营收入等情况。

各地的税务机关减免税申报的程序和所要求提供的资料有所不同，会计人员应以当地税务机关的要求为准。

符合网上办理条件的纳税人，可以通过电子税务局申请办理。

6.3.5.2 如何办理退税

纳税人在出现以下情况时可以向主管税务机关申请退税：

① 多缴退税。是指纳税人自结算缴纳税款之日起三年内发现有多缴税款的，可以申请退税。

② 减免退税。纳税人符合政策规定可以享受减免的税款，如已经缴纳入库，可以申请退（抵）已缴纳的税款。

③ 留抵退税。将纳税人当前不能抵扣、需在未来才能抵扣的进项增值税提前全额退还。

④ 汇算退税。纳税人缴纳的企业所得税，按年汇总计算，分季度进行预缴，在次年初进行上年度年终汇算清缴，针对多缴的税款应申请退税。

办理退税的手续如下。

（1）多缴退税、减免退税、汇算退税手续

①《退（抵）税申请表》4 份。

② 属于因特殊情况不能退至纳税人、扣缴义务人原缴款账户情形的，由于特殊情况不能退至纳税人、扣缴义务人原缴款账户的书面说明，相关证明资料，和指定接受退税的其他账户及接受退税单位（人）名称的资料 1 份（符合条件的可调阅复用，免于重复提供）。

③ 属于其他税务机关无法获取相关记载应退税款内容的资料或完税证明情形的，纳税人提供税费（缴款）凭证复印件、税务机关认可的其他记载应退税款内容的资料 1 份。

（2）留抵退税手续

①《增值税期末留抵税额退税申请表》4 份。

②《退（抵）税申请表》4 份，行业相关证明材料（如增值税专用发票复印件、海关进口增值税专用缴款书复印件等）。

③ 因特殊情况不能退至纳税人、扣缴义务人原缴款账户：由于特殊情况不能退至纳税人、扣缴义务人原缴款账户的书面说明，相关证明资料，和指定接受退税的其他账户及接受退税单位（人）名称的资料 1 份（符合条件的可调阅复用，免于重复提供）。

以上退税事项，也可通过电子税务局申请办理。

6.3.6 企业弥补亏损要怎样处理

企业弥补亏损的方式有以下三种：

① 企业发生亏损，可以用次年度的税前利润弥补，次年度利润不足以弥补的，可以在 5 年内延续弥补，一般企业延续弥补期最长不得超过 5 年。

② 企业发生的亏损，5 年内的税前利润不足以弥补时，用税后利润弥补。

③ 企业发生的亏损，可以用盈余公积弥补。

纳税人弥补以前年度亏损的，可在纳税申报时（包括预缴申报和年度申报）自行计算并弥补以前年度符合条件的亏损。在企业亏损弥补年限内，如果企业由于自身的原因，未用某一年度的应纳税所得弥补以前年度亏损，造成多缴税款的，可申请退税或者在下一年度内抵缴。大部分地区在实际操作中，多缴税款不做退税，而是按预缴款作为下一年度的税款抵扣，会计人员应根据当地主管税务部门的具体情况按要求操作。

6.4 小结

会计人员在处理报税的工作时，除了需要对业务熟练操作外，最重要的一点就是要学会与税务人员打好交道。很多会计人员最担心的就是接税务人员的电话，觉得一来电话就是出问题了。而且面对税务人员时，他们也常常会把对方和自己自动归类为管理与被管理、上层与下层的关系，其实这大可不必，应该摆正心态，以双方平等的心理共事。

如何做好报税工作，与税务人员打好交道，以下几点可供读者作为参考：

① 从事会计工作，要熟悉国家有关的税收政策和法律法规条款，了解的知识多，产生的问题就会相对少。在网络普及的现在，很多问题不用问税务人员，学会利用网络是很有效的解决办法。如果有问题需要向税务人员请教，也应事先自己有所准备，了解相关的知识。

② 对当地主管税务部门的办事流程要熟悉。面对税务、财政等政府单位，往往办事时需要携带的资料与要走的流程繁多。熟悉办事流程，能免去很多因盲目奔波而带来的不便，避免时间浪费。

③ 面对税务人员时应相互尊重，俗话说“伸手不打笑脸人”，在与税务人员接触时，对他们表示足够的尊重，同时，也不能觉得自己低人一等，应端正态度，在日常工作中也尽量配合好他们的工作，这样才能为双方关系的友好奠定基石。

④ 遇到涉税问题尽可能以互相探讨业务而不是咄咄逼人的方式去据理力争。财务人员只需关注某个企业或行业的税收政策，而税务人员需要面对的是所有的税收政策，所以就算有理由，与税务人员观点不一致的，也应该尽可能地耐心沟通，解决问题。

⑤ 多与直属管辖本企业的税务人员（税务专管员）接触和请教，增进了解，可以及时获取更多更新的税务信息。日常工作出现问题，也最好在这一最直接的管理层面沟通解决。